身近で気になる大人のフレーズ

# 「僕はビール」と英語で注文できますか?

小池直己 佐藤誠司

青春出版社

## はじめに

　この本では、多くの英語学習者が抱く素朴な疑問に答えながら、英語の基本を幅広く学んでいきます。1ページで1つの疑問を取り上げ、学習者の質問に答えていくという形式です。

　英語の基本と言うと、多くの人は英文法の学習を思い浮かべるかもしれません。しかし実際に英語を学んでいく上では、文法以外にもさまざまな疑問がわくはずです。この本でそうした疑問の答えを探してみてください。この本では、たとえば次のような疑問や要望の答えを示しています。

- 英語の発音がもっと上手になりたい。
- 学校で習った知識を実際にどう使うのかわからない。
- 英文法の学習の中で疑問に思ったことの答えが知りたい。
- なるべくお金をかけずに英語を勉強したい。

　本全体のねらいは、読者の皆さんに**英語の基本と英語学習の全体像を示す**ことです。同時に**ネイティブ感覚を少しでも身につけるためのヒント**を意識しています。その観点からの説明も豊富に入っているので、ある程度英語ができる人でもこの本を読めば新たな発見があるはずです。

　この本を通じて、今まで何となく知っているつもりでいた英語の知識をより正確なものにすると同時に、英語学習に対する興味を深めていただけると幸いです。

　２０１６年９月　　　　　　　　　　　　　　　　　　　小池直己

　　　　　　　　　　　　　　　　　　　　　　　　　　佐藤誠司

身近で気になる大人のフレーズ
「僕はビール」と英語で注文できますか？＊目次

## 1
「単語と発音」についての疑問——7

## 「ナイスシュート」と「ナイスショット」にはどんな関係がありますか？

……………………………………ほか 35 項目

## 2
「会話とコミュニケーション」についての疑問——43

## How are you? と言われたとき、どんな答え方ができますか？

……………………………………ほか 35 項目

## 3
「英文法」についての疑問——79

## 雪が降り出したのを見て It's snow. と言えますか？

……………………………………ほか 59 項目

## 4
「基本語」の用法と意味についての疑問——139

# some eggs, a few eggs, several eggs のうち、卵の数が一番多いのはどれですか？

……ほか63項目

## 5
「英語の勉強法」についての疑問——203

# 「パーティーを開く」を open a party と 言えますか？

……ほか18項目

カバー写真提供 ◆ Artisticco/shutterstock.com
DTP ◆ フジマックオフィス

# 1

## 「単語と発音」についての疑問

# 「ナイスシュート」と「ナイスショット」にはどんな関係がありますか?

この章では、英単語の成り立ちなどに関する疑問と、英語の発音のルールを主に取り上げます。英語と日本語との基本的な違いを正しく理解すれば、今後の学習に大いに役立つはずです。

## Question about English 001
英語と日本語の意味の対応

# 「兄」も「弟」も英語では brother と言うのはなぜですか？

　**英米では家族関係（を含む人間関係）の中で「年齢が上か下か」を重視しません**。必要があれば「兄」は elder [big] brother、「弟」は little brother と言いますが、普通は年上か年下かを区別せずに兄弟を対等の関係でとらえるのが英米流です。

　このように、英語と日本語の意味が1対1で対応していないケースはよく見られます。例を挙げてみましょう。
- 日本語の「手袋」と「（野球の）グラブ」は、英語ではどちらも **glove** と言う。
- 英語の **hat**（つばのある帽子）と **cap**（つばのない帽子）は、日本語ではどちらも「帽子」と言う。

## 文化の違いを意識しながら英単語を覚えるのがコツ

　一般に、同じグループに属するものが人々の生活や文化の中で重要であればあるほど、その種類を区別するための言葉が増えていきます。たとえば牛は英米の人々にとって重要な動物なので、**cattle**（総称）、**ox**（去勢した雄牛）、**bull**（去勢していない雄牛）、**cow**（雌牛）、**calf**（子牛）のように呼び名が分かれています。こうした文化の違いを意識しながら単語の意味を覚えれば、丸暗記だけではない楽しさが加わるでしょう。

## Question about English 002
### 直訳できない日本語

# 「ブラック企業」をblack companyと英訳できますか？

blackの基本的な意味は「黒い」ですが、ネイティブがblack companyという言葉を聞けばたぶん「黒人の（経営する）会社」という意味に解釈するでしょう。あるいは「黒字の会社」だと思うかもしれません。実態をふまえて考えると、「ブラック企業」の英訳としては **unethical company**（倫理に反する会社）などが考えられます。

## カタカナを英語にするときは要注意

このように、日本語から連想される単語を安易に置き換えて英訳すると意味不明になる場合があるので気をつけましょう。特に、カタカナを対応する英単語に置き換えることができないケースがよくあります。その種の和製英語の例は、「クレーム」「スマート（な）」「（車の）フロントガラス」などです（正しくはそれぞれ **complaint**、**slim [slender]**、**windshield**）。

また、日本語の「ビル」は英語のbuildingを縮めたものですが、「ビル」と聞けばネイティブはbill（請求書）と誤解します。同様に「スマホ」「アプリ」「アポ（をとる）」は、それぞれ **smartphone**、**application [app]**、**appointment** と略さずに言わなければネイティブには通じません。

なお、「アニメ」はもともとanimationを縮めた和製英語でしたが、今では **anime** という英語として認知されています。アニメはそれほど国際的に人気が高いということですね。

## Question about English 003
### 英語とカタカナの意味の違い

# 「デパート」は英語で何と言いますか？

「デパート」の英訳は **department store** です。**depart** は「出発する」という意味の動詞（名詞は departure）だから、意味はまったく違います。ただ語源的に言うと de（離れて）＋ part（分かれる）で、department とも関係があります。**department** は「区切られた一区画［部分］」を表すのに幅広く使われる語で、会社の部署や大学の学部も department と言います。また「一区画の売り場」という意味でも使い、それが集まったものが department store（デパート）です。だからデパート内の個々の売り場は、the furniture department（家具売り場）のように言います。

## アパート、マンションなどを表す語

同じように英語の **apartment** は、「（アパート・マンションの）一世帯分［部屋］」を指します。だから my apartment と言えば「アパートの私の部屋」という意味です。

*アパート全体は apartment building [house]。ただしアパート全体を指して apartment と言うこともあります。なお、イギリス英語ではアパートのことを flat と言います。

参考までに補足すると、日本語の「マンション」に当たる英語は、賃貸マンションなら **apartment**、分譲マンションなら **condo [condominium]** です。**mansion** は「大邸宅」の意味だから間違えないように。また「別荘」は、大きなものは **villa**、小さなものは **cottage** と言います。

**Question about English 004**

英訳できない日本語

# 「サラリーマン」は英語で何と言いますか？

　和英辞典では、「サラリーマン」の英訳として salaried worker、white-collar worker などが載っています。

　＊white-collar は「(ワイシャツの) 白いえり」からの連想で「事務職の」という意味。反意語は blue-collar（肉体労働の）。

　そもそも英米の人たちは「私はサラリーマン［OL］です」とは言わず（OL は office lady に由来する和製英語）、I'm an accountant.（経理係です）のように仕事の内容を具体的に言います。

　「フリーター」もそうです。どうしても英語で表現したければ、

　I'm what is called a "freeter."（私はいわゆる「フリーター」です）などと言うしかありません。

## 英米と日本の習慣の違い

　また、日本語では「田中課長［先生］」のように苗字に役職名をつけて呼ぶことがよくありますが、英米にはそういう習慣はありません。だから「田中課長」も「田中先生」も男性なら **Mr. Tanaka**、女性なら **Ms. Tanaka** です。

　＊ただし専門職の人には、Dr.「〜医師［博士］」、Prof. [Professor]「〜教授」などを苗字の前につけて言うことができます。

　また、「セクハラ」は sexual harassment ですが、「パワハラ」を power harassment と英訳しても通じません。英米の職場にはパワハラはないからです（そんなことをされたら普通はすぐに転職するでしょう）。こうした視点は異文化理解のためにも重要です。

## Question about English 005
### 英語の品詞

# 「ナイスシュート」と「ナイスショット」にはどんな関係がありますか？

　どちらも英訳すると **nice shot** になります。**shoot** は「撃つ、射る」という意味の動詞、その名詞形が **shot** です。「ナイスシュート」はネイティブには通じない和製英語です。

　「動詞」や「名詞」は単語を分類するときの呼び名で、これらをまとめて**品詞**と言います。英語の主な品詞は**動詞・名詞・形容詞・副詞**の4つで、そのほか助動詞、前置詞、接続詞などがあります。

　日本語で「きれいな（形容詞）＋花（名詞）」と言うように、英語でも nice（形容詞）の後ろには shot（名詞）を置きます。このような品詞の違いを知っておかないと、間違ったカタカナ英語をそのまま使いかねないので注意しましょう。

## 品詞の違いを意識することが大切

　たとえば日本語の「ミスをする」に当たる英語は make a **mistake** です。make（する）＋ a mistake（ミス）ですね。**miss** という単語もありますが、これは「（見）逃す」という意味の動詞で、miss a chance（チャンスを逃す）、miss a train（電車に乗り遅れる）のように使います。また、「サイン、署名」は **signature** で、これは **sign**（署名する）という動詞の名詞形です。だから「彼の署名」は his signature が正しく、his sign は誤り。また、「メールにレス（ポンス）する」の英訳は **respond** to an e-mail。respond（応答する）の名詞形が **response**（応答）です。

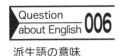

# 「電子書籍リーダー」の「リーダー」は「読む人」の意味ですか？

電子書籍リーダーは、英語で **e-book reader** と言います（e は electronic の頭文字）。この reader は「読む道具［機械］」という意味です。一方、reader には「読む人［読者］」という意味もありますね。

> 動詞＋ -er ＝①〜する人 ②〜するための道具［機械］

たとえば writer（作家）は人間ですが、typewriter（タイプライター）は道具です。同様に soccer player（サッカー選手）は人間ですが、CD player（CD プレイヤー）は道具です。

## 道具を表す -er の例

このように -er（や -or）で終わる語は、①②のどちらか（または両方）の意味になることに注意しましょう。この形の語は元の動詞の意味と関連付けて考えることができます。

- **binder**（バインダー）＝束ねる（bind）道具
- **burner**（バーナー）＝燃やす（burn）道具
- **container**（コンテナ、容器）＝含む（contain）道具
- **elevator**（エレベーター）＝持ち上げる（elevate）機械
- **hanger**（ハンガー）＝掛ける［吊るす］（hang）道具

また **rubber**（ゴム）の原義は「こする（rub）道具」で、鉛筆の字をゴムでこすって消したことに由来すると言われています。

## Question about English 007
〈形容詞＋名詞〉の使い方

# 「彼女は歌が上手だ」は英語で何と言いますか？

「彼女は歌が上手だ」の英訳は、**She is a good singer.** がベスト。singer と言うと、彼女がプロの歌手のように聞こえるのではないかと思うかもしれませんが、singer には「（プロの）歌手」のほかに「歌う人」という意味もあります。

「彼女は歌が上手だ」は She sings well. とも表現できるし、それでも間違いではありません。しかし〈**形容詞＋X（名詞）**〉の形は「**〜の性質を（本来的に）備えたX**」という意味を表すので、この形を使う方がしっくりします。

## 「ワクワクする映画」を英語で表現する

次の例も同じです。

(1) This movie is **exciting**.（この映画はワクワクする）

(2) This is an **exciting** movie.（これはワクワクする映画だ）

(1) は映画の中のある場面を見ながら、そのときの一時的な気持ちを語っている感じ。(2) は「これはワクワクする性質を持った映画だ」と言っていることになります。

(3) <u>This movie was exciting</u> at first, but I'm getting bored now.

（この映画は最初はワクワクしたけれど、今は飽きてきた）

この文の下線部を This was an exciting movie と言うのは不自然です。上で説明したとおり an <u>exciting</u> movie はその映画本来の性質を表すので、後半の内容と合わないからです。

## Question about English 008 英単語の起源

# moon（月）の形容詞はどうしてlunarになるのですか？

　もとの単語の形を少し変えて、意味的に関連のある語を作ることができます。そのようにしてできた語を**派生語**と言います。たとえばhappy（幸福な）からは、unhappy（不幸な）やhappiness（幸福）ができます。このように派生語は、もとの単語の前後に**接頭辞**（un-など）や**接尾辞**（-nessなど）を加えて作ることがよくあります。

## 名詞と形容詞の形が大きく違う理由

　一方、**moon**（月）— **lunar**（月の）、**sun**（太陽）— **solar**（太陽の）のように、品詞によってかなり形の違うものもあります。これは**語源の違い**のせいです。英語はもともとドイツ語などと同じ**ゲルマン系**の言語ですが、その後**ラテン系**の言語であるフランス語からたくさんの言葉を取り入れました。moonやsunは古くからあるゲルマン系の言葉であり、lunarやsolarは後の時代に入ってきたラテン系の言葉です。形が違うのはそういう理由によります。同じように、たとえば「買う」を意味する**buy**はゲルマン系、**purchase**はラテン系の言葉です。

　外国語がその国の言葉として定着する例は多く、日本語のカタカナ言葉（コンピュータなど）はほとんどそうです。逆に**tofu**（豆腐）や**sushi**（寿司）などは、日本語から英語に取り入れられた語です。

## Question about English 009 名詞と形容詞などの選択

# 「私は日本人です」の英訳は I'm Japanese. ですか？ I'm a Japanese. ですか？

「私は日本人です」の英訳は、**I'm Japanese.** がベターです。この場合の Japanese は「日本人の」という意味の形容詞です。

＊I'm a Japanese. の Japanese は「日本人」という意味の名詞。

その理由は、名詞（a Japanese）を使うと「他の民族とは違う日本人」という一種の**差別的な響き**が生じるおそれがあるからです。

## 「外国人」「アルバイト」の言い方にも注意

似た例を挙げてみましょう。

(1) その工場では多くの外国人が働いている。

→ △ (a) There are a lot of <u>foreigners</u> working at the factory.

○ (b) There are a lot of **foreign** workers at the factory.

＊名詞の foreigner（外国人）は「よそ者」という軽蔑的な響きを持つことがあります。形容詞の foreign（外国の）にはそのようなニュアンスはありません。

(2) 姉は本屋でパート［アルバイト］をしています。

→ △ (a) My sister is a <u>part-timer</u> at a bookstore.

○ (b) My sister is working **part-time** at a bookstore.

＊名詞の part-timer（非常勤職員）は固定化された身分のように響くので差別的。work part-time（非常勤で働く）なら問題ありません。この part-time は副詞です。

同じ理屈で、「彼は黒人だ」は He is **black**. が普通の言い方です。He is <u>a black</u>. とは言わない方がよいでしょう。

## Question about English 010
### 名詞の複数形

# コーヒーを2つ注文するとき、「コーヒー、ツー」で通じますか？

　コーヒーを2つ注文するときは、**Two coffees, please.** と言いましょう。「コーヒー、ツー」と聞けば、ネイティブは Coffee, too.（(何かのほかに) 1杯のコーヒーも）と誤解しそうです。英語の名詞は、**2つ以上のときは複数形にしなければなりません。**

・one [a] cat（1匹のネコ）— two cats（2匹のネコ）
・one [a] bus（1台のバス）— three buses（3台のバス）

　このように複数形にはたいてい -(e)s をつけますが、child → children のように不規則な複数形もあります。

## 複数形にできない名詞の数え方

　一方、複数形にできない名詞もあります。たとえば水やコーヒーです。

・a glass of water（グラス1杯の水）
　　　　　　　— two glasses of water（グラス2杯の水）
・a cup of coffee（カップ1杯のコーヒー）
　　　　　　　— two cups of coffee（カップ2杯のコーヒー）

　液体には一定の形がないから、入れ物（glass/cup）の方を数えるわけです。ただしコーヒーの入れ物はカップに決まっているから、会話では cup を省略して a [one] coffee、two coffees のように言うこともよくあります。一方ワインの場合は、a wine だと意味があいまいだから、「グラス1杯のワイン」なら a glass of wine、「ボトル1本のワイン」なら a bottle of wine と言います。

## Question about English 011
### 母音と母音字

# a と an は どのように 使い分けるのですか？

「**a は母音の前では an に変わる**」という英語のルールを覚えていますか。その前にまずは母音字と母音という2つの言葉の意味を確認しておきましょう。

- **母音字＝ a・i・u・e・o の5文字（それ以外の文字は子音字）**
- **母音＝母音字を読むときの音のこと**

m<u>e</u>lon[mélən] と <u>a</u>pple[ǽpl] の場合、下線部が母音字です。一方、[ ] 内の発音記号で言うと、[m] は子音、[æ] は母音です。最初に挙げたルールによって [æ]（母音）の前の a は an に変わるから、an apple になります。それはなぜかと言うと、a apple[ə ǽpl] だと**母音が2つ続いて発音しづらいからです**。an はもともと one と同じ語源の語だから、「1つの」は a(n) で表すわけです。

再確認すると、**a は「母音の前」で an に変わる**のであって、「<u>母音字の前</u>」ではない点に注意しましょう。

## 母音と母音子は似て非なるもの

(1) 1時間 → **an** [ × a] h<u>o</u>ur
(2) 1つの大学 → **a** [ × an] <u>u</u>niversity

<u>h</u>our の h は子音字ですが、発音（[áuər]）は母音で始まるから、前には an を置きます。一方 <u>u</u>niversity の u は [ju:] と読みます。この [j] は「半母音」と言い、母音ではないから前に an を置くことはできません。

## Question about English 012
英語と日本語の発音の違い

# 英語をカタカナ風に読んでも通じますか？

　正しい発音を身につけるにこしたことはありませんが、難しければ最初はカタカナ風に読んでもかまいません。ただし、**ローマ字のように読むと実際の音とかけ離れる**場合がかなりあるので注意しましょう。

　まず、英語と日本語の発音の最大の違いを確認しておきます。
　　**pencil** [pénsl] ペンシル
　日本語の「ペンシル」は、ローマ字で書くと pe + n + si + ru です。これをそのまま読むと、[e][i][u] という3つの母音が入ることになります。日本語では、([n] 以外の) 子音の後ろには母音をつけるのが原則だからです。一方英語の発音記号を見ると、母音は [e] しかありません。つまり英語には、**子音だけの発音**が多い。日本人はこれが苦手です。[pénsl] という発音記号を実際の音に近いカタカナに直すと、「ペンスォ」あるいは「ペンヌツォ」のようになります。

## 英語の音により近いカタカナで読むのがコツ

　耳で聞いた音に忠実に従って、**英語の音により近いカタカナ**で読むようにするとよいでしょう。いくつか例を挙げておきます。
　**try** → チュアイ（[t] は「ト」ではない）
　**water** → ワラ（[t] の音はしばしばラ行の音に変わる）
　**apple** → エァポォ（単語の最後の [l] は「ォ」と読むつもりで）

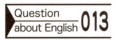

## catのaを「ア」、nameのaを「エイ」と読むのはなぜですか？

母音字の発音

英語の発音には、「〈**母音字＋子音字＋e**〉で単語が終わるときは、**母音字はアルファベット読みをする**」というルールがあります。

日本語の「アイウエオ」には1通りの発音しかありません。一方、英語の母音字には基本的に次の2種類の発音があります。

| 母音字 | a | i | u | e | o |
|---|---|---|---|---|---|
| アルファベット読み | [ei]<br>エイ | [ai]<br>アイ | [ju:]<br>ユー | [i:]<br>イー | [ou]<br>オウ |
| ローマ字読み | [æ]<br>エア | [i]<br>イ | [ʌ]<br>ア | [e]<br>エ | [ɑ/ɔ]<br>ア/オ |

＊uは[u]ウとも読みますが（例：put）、[ʌ]アと読む方が普通です（例：cup・but）。また、例外的な発音を持つ語も多くあります。

### アルファベット読みか、ローマ字読みか

特にアルファベット読みに注意しましょう。たとえば**apron**（エプロン）は「エプロン」ではなく[éiprən]ェイプラン、**old**（古い）は「オールド」ではなく[óuld]ォゥルドと読みます。

そして最初に挙げたルールによって、na̱me・wi̱fe・cu̱be・ho̱peなどの下線部の母音字はアルファベット読みをするというわけです。一方、**単語の最後が子音字のときはローマ字読みをします**。たとえばcute[kju:t]とcut[kʌt]、note[nout]とnot[nɑt]などの違いは、その2つのルールで説明することができます。

## Question about English 014
「名前動後」の ルール

# 英単語のアクセントには何かルールがありますか？

単語の中で、ひとまとまりで発音される音のかたまりを**音節**と言います。1つの音節は1つの母音を含みます。辞書ではふつう - や・で音節の切れ目を表しています。たとえば strong は1音節、stu-dent は2音節、A-mer-i-can は4音節の語です。

単語を発音するときは、1つの母音を他の音よりも強く読みます。この音の強さの変化を**アクセント**と言います。発音記号では、最も強く読む母音の上に「´」、2番目に強く読む母音の上に「`」の記号をつけるのが一般的です。

## 名前動後の法則

次の点を基本として知っておきましょう。

①**原則として名詞のアクセントは前に、動詞のアクセントは後ろ**にあります。これを俗に「**名前動後（の法則）**」と言います。たとえば **calendar** [kǽləndər]（カレンダー）、**energy** [énərdʒi]（エネルギー）、**vitamin** [váitəmin]（ビタミン）などは名詞なので、最初の音節にアクセントを置きます。

②**語尾のつづり字**とアクセントとの間には、一定のルールがあります。たとえば次のようなものです。
- **-tion** で終わる語は、その**直前の音節**にアクセントを置く。
  例：pro-duc-tion [prədʌ́kʃən]（生産）
- **-ate** で終わる語は、その**2つ前の音節**にアクセントを置く。
  例：ed-u-cate [édʒukèit]（教育する）

## Question about English 015
複合名詞①

## 「私には弁護士の友人がいる」を、I have a lawyer friend. と言えますか？

「私には弁護士の友人がいる」の英訳は、学校では I have a friend who is a lawyer.（私は弁護士である友人を持っている）と習いますが、I have a lawyer friend. でもかまいません。lawyer friend という言い方に違和感を感じるかもしれませんが、英語には〈**A [名詞] ＋ B [名詞]**〉という形のフレーズがたくさんあります（例：**desk lamp**（電気スタンド））。このようなものを**複合名詞**と言います。2語がくっついて1語になっていることもあります（例：**girlfriend**（女性の恋人））。これらの語（句）では、**前の名詞(A)が後ろの名詞(B)を分類する**働きをします。たとえば **hotel room**（ホテルの部屋）や **bedroom**（寝室）は room の一種です。また **eye doctor**（眼科医）や **animal doctor**（獣医）は doctor の一種です。lawyer friend も friend の一種だと考えることができます。

### 「今日の新聞」は today's newspaper

一方、**A's B** という形のフレーズもよく見られます。たとえば **today's (news)paper**（今日の新聞）、**girls' school**（女学校）などです。girls' は girls に所有格の 's をつけた形で、後ろの s は省いて書くのが普通です（girls's のように s が並ぶのを避けるため）。

なお、「日本経済」は **the Japanese economy** ですが、新聞などでは **Japan's economy** をよく使います。the Japan's economy は間違い。the my pen と言わないのと同じです（→176）。

## Question about English 016
複合名詞②

# 「コンビニ」はなぜconvenient storeではなく、convenience storeと言うのですか？

「便利な店」と考えればconvenient storeでも良さそうなのに、「コンビニ」は **convenience**（便利）＋ **store**（店）のように〈**名詞(A) ＋名詞(B)**〉で表現します。15で説明したとおりAはBの種類を分類する働きを持ち、AとBの間にはさまざまな意味的関係があります。たとえば次のようなものです。

- 職業/性別＋人：**mailman**（郵便配達人）、**woman doctor**（女医）
- 材料/成分＋製品：**stone bridge**（石橋）、**salt water**（塩水）
- 主語＋動詞：**sunrise**（日の出）、**headache**（頭痛）
- 目的語＋動詞：**haircut**（散髪）、**blood test**（血液検査）

そして、Bに当たる名詞が人工的に作られたものであるとき、Aはしばしば用途や目的を表します。つまり〈**A ＋ B［もの］**〉は「**Aのための B**」**という意味であることが多い**と言えます。たとえば **kitchen knife**（包丁［＝台所用のナイフ］）、**ashtray**（灰皿［＝灰を入れるための皿］）など。その延長で言えば、convenience storeは「利便性（という用途）のための店」だと考えることができます。

## 「安全ベルト」はsafe beltではなくsafety belt

また、〈形容詞＋名詞〉よりも〈名詞＋名詞〉の形の方が**種類を分類する働き**が強く、convenient storeだと、特定の種類の店ではなく「（一般に）便利な店」という意味になります。**safety**［× safe］ **belt**（安全ベルト）なども同様です。

**Question about English 017**

複合名詞のアクセント

# bus stop（バス停）は、busとstopのどちらを強く読むのが正しいですか？

bús stop と読みます。「バ<u>ススト</u>ップ」と日本語調で読まないように。次のルールを頭に入れておきましょう。

> **(A) 名詞＋名詞 → 前の語を強く読む。**
> **(B) 形容詞＋名詞 → 後ろの語（または両方）を強く読む。**

(A) の例：ców boy（カウボーイ）、gás station（ガソリンスタンド）、móuntain bike（マウンテンバイク）

(B) の例：big bírd（大きな鳥）、cute púppy（かわいい子犬）、béautiful wóman（美しい女性）

前の語が名詞なら、そちらを強く読みます。前の語が短い形容詞なら、後ろを強く読みます。前の形容詞が長ければ、強弱のリズムの関係で両方にアクセントを置きます（béautiful wóman は「強ー弱ー強」のリズムになります）。

## アクセントの置き方によって意味が変わる

同じ形のフレーズでも、アクセントの置き方によって意味が変わる場合があります。

Frénch teacher（フランス語の先生）
　名詞　　　名詞

French téacher（フランス人の先生）
　形容詞　　名詞

**Question about English 018**
過去分詞の使い方

# 「フライドチキン」の「ド」とは何ですか？

　fried chicken（フライドチキン）の **fried は過去分詞**で、「揚げられた鶏肉」という意味を表します。
　**fry** chicken（鶏肉を揚げる）
　→ **fried** chicken（揚げられた鶏肉）
　fry は「〜を揚げる」という意味の動詞だから、fry chicken（フライチキン）だと「鶏肉を揚げる」、chicken fry（チキンフライ）だと「鶏が揚げる」というおかしな意味になってしまいます。

## 過去分詞を使ったさまざまな表現

　fried chicken のような〈過去分詞＋名詞〉型のフレーズが、英語にはたくさんあります。
　・**boiled** egg（ゆで卵←ゆでられた卵）
　・**recycled** paper（再生紙←リサイクルされた紙）
　・**used** car（中古車←使われた車）
　・**canned** coffee（缶コーヒー←缶詰にされたコーヒー）
　英語が日本語のカタカナ言葉になるとき、**過去分詞の「ド」の音が脱落する**ことがよくあります。たとえば「スクランブルエッグ」のもとの英語は scrambled eggs（かきまぜられた卵）で、発音すると「スクランブルド・エッグズ」のようになります。補足すると、「フライパン」は英語では frying pan ですが（→21）、日本語では [g] の音が消えていますね。

## Question about English 019
〈-ing ＋名詞〉の2つの意味

# living room（居間）は「生きている部屋」という意味になりませんか？

　living room は「居間」であって、「生きている部屋」という意味ではありません。
　ただし後で触れるように、アクセントの位置に注意しましょう。〈動詞＋ -ing〉の形には、次の2つの働きがあります。
　⑴ The baby is sleeping.（赤ちゃんは眠っている）
　⑵ I like sleeping.（私は眠ることが好きだ）
　⑴の sleeping（現在分詞）は「眠っている」、⑵の sleeping（動名詞）は「眠ること」の意味です。そして -ing 形の後ろに名詞を置くと、次の意味になります。

> **(A)** -ing（現在分詞）＋名詞 ＝ 〜している○○
> **(B)** -ing（動名詞）＋名詞 ＝ 〜するための○○

　(A) の例：sleeping báby（眠っている赤ちゃん）
　　　　　 boiling wáter（お湯［わいている水］）
　(B) の例：sléeping car（〈電車の〉寝台車）
　　　　　 wáshing machine（洗たく機）

## 意味に応じてアクセントの位置が変わる

　このように、(A) 型の表現は「形容詞＋名詞」、(B) 型の表現は「名詞＋名詞」に準じたアクセントを持ちます（→17）。だから「居間」は líving room と読みます。これを living róom と読むと「生きている部屋」と誤解されてしまいます。

## Question about English 020

「〜している A」の表し方

# dancing girl の意味は、「踊っている少女」ですか？「踊り子の少女」ですか？

　普通の解釈では、**dancing girl は「踊り子の少女」**という意味になります。アクセントは dáncing girl です（dancing ＝動名詞）。

　一方、「踊っている少女」は a girl (who is) dancing と言います。

　(1) あの踊っている少女は誰ですか。

　　→ ○ (a) Who's that **girl dáncing**?

　　　 × (b) Who's that dancing gírl?

ここでは、次のルールを知っておきましょう。

> ・名詞の前の形容詞は、その名詞の恒常的な性質を表す。
> ・名詞の後ろの形容詞は、その名詞の一時的な状態を表す。

## -ing 形（現在分詞）が表す２つの意味

　名詞の前後に置く -ing 形は、形容詞に準じた働きをします。dancing girl だと「踊る性質を持った少女」つまり「踊り子の少女」と解釈されます。「（今一時的に）踊っている少女」なら girl dancing と言わなければなりません（dancing ＝現在分詞）。

　ただし、**名詞が人間以外のときは「〜している A」を〈現在分詞＋名詞〉の形で表します**。たとえば「ほえている犬」は barking dóg、「増えている人口」は incréasing populátion です。

　＊ bárking dog は「よくほえる（性質を持つ）犬」。また、幼い子どもなどは（例外的に）sleeping báby（眠っている赤ちゃん）のように言えます（baby sléeping も可）。

## Question about English 021
### 日本語と英語の置き換え

# 「トンカツ」は英語で何と言いますか?

　寿司(sushi)、納豆(natto)、すきやき(sukiyaki)など日本特有のものは、そのまま言うしかありません。やきとり(yakitori)も今では日本料理の1つとして英語圏の辞書にも載っています。

　トンカツやラーメンも、もともとは外国の料理だけれど今では完全な日本食になっているから、外国から日本へ来た人にはtonkatsu、ramenという言葉を覚えてもらう方がよいでしょう。ただ、日本人と外国から来た人との間で、こんな会話はあり得ます。

(1) "There's a good tonkatsu restaurant near here." "What's tonkatsu?"(「この近くにおいしいトンカツ屋がありますよ」「トンカツって何ですか?」)

　この場合は、It's **(deep-)fried pork**.(揚げられた豚肉です)と答えればよいでしょう。同じように「ラーメン」「うどん」「(日本)そば」はそれぞれ **Chinese noodle, Japanese wheat noodle, Japanese buckwheat noodle** と言います(wheatは小麦、buckwheatはそば)。

## 「揚げる」も「炒める」も英語ではfry

　英語では「揚げる(deep-fry)」「炒める(stir-fry)」の両方を合わせてfryと言います。だから「野菜炒め」は **stir-fried vegetables**(炒められた野菜)と表現できます。揚げたり炒めたりするためのなべが **frying pan**(フライパン)ですね。

## Question about English 022

音の変化

# water が「ワラ」と聞こえるのはなぜですか？

　特に会話では、個々の単語が辞書の発音記号のとおりには発音されないことがよくあります。主なケースは次の3つです。

①**音がつながる場合**：〈A＋B〉のフレーズでBの最初が母音のときは、Aの最後の子音と一体化して、an egg（アネッグ）、Stand up.（スタンダップ）のように発音されます。また、Aの最後の音とBの最初の音が同じときは、good day（グッデイ）、take care（テイケア）のように1つの音になります。

②**音が消える場合**：強く息を出す子音（[b][d][g][k][p][t][h]など）は発音しづらいので、脱落することがよくあります。その結果、I don't know. は「アイドンノウ」、twenty は「トゥエニ」、something は「サムシン［サミン］」、with her は「ウィザ」、been there は「ビネア」などと聞こえます。またアクセントのない部分は弱く読まれるので、because が「コーズ［カズ］」、Excuse me. が「キューズミ」のように聞こえることがあります。

③**違う音になる場合**：[t] の音は、会話ではしばしば日本語のラ行やダ行の音に変化します。water が「ワラ」、Get up. が「ゲラ［ダ］ップ」のように聞こえるのはそのためです。

## Question about English 023
文強勢の基本

# 「強勢」とは何ですか？

発音の基本的なルールは、強勢とイントネーションです。まず**強勢**（特定の語を強く読むこと）を見てみましょう。

強勢の基本は**「弱-強」のリズムの繰り返し**です。

(1) I'm having lúnch / with a fríend / at the réstaurant / near the státion / todáy.（私は今日、駅の近くのレストランで友人と昼食をとります）

このように意味のかたまりを / で区切るとき、それぞれのパーツの中で「弱-強」のリズムができていることがわかりますね。つまり、**意味のかたまりの最後の部分を強く読む**ということです。これを意識して英文を読むようにすれば、個々の単語の発音が下手でも英語っぽい発音に聞こえるはずです。

## 大切な情報を強く読む

もう1つの注意点として、**自分が最も伝えたい情報を強く読む**というルールも知っておきましょう。

(2) I bought thís book yesterday.
（私がきのう買ったのは（他の本でなく）この本だ）

(3) I bought this book yésterday.
（私がこの本を買ったのはきのうのことだ）

(4) I bóught this book yesterday.
（私はきのうこの本を（借りたのではなく）買ったのだ）

**Question about English 024**

強勢と
イントネーション

# 「イントネーション」とは何ですか？

23で説明したように、強勢（ストレス）は**音の強さ**を表します。一方、イントネーションとは**音の高さ**です。英文を読む際には、音の高低の変化によって意味や感情が表されます。この音調の変化をイントネーション（抑揚）と言います。

## 「下降調」と「上昇調」

(1) Do you like músic?（音楽は好き？）

最後を低く読む読み方を下降調、高く読む読み方を上昇調と言います。文末は原則として下降調で読みますが、(1) のように Yes/No で答える疑問文は上昇調で読みます。たとえば He drinks a lot.（彼は大酒飲みだ）の文末は下降調で読み、He drinks a lot?（彼は大酒飲みなの？）と尋ねるときは上昇調で読みます。

(2) On my wáy to wórk, I mét a fríend.

　（仕事に行く途中で、私は友人に会った）

(2) の work のところでは、音の高さがいったん下がった後で上昇しています。これを**下降上昇調**と言います。work で文が終わるのではなく、さらに続きがあることを音で示すためです。

(1)(2) からわかるとおり、強勢を置くところでは音の高さが上がります。つまり強勢とイントネーションとの間には密接な関係があるわけです。

| Question about English 025 | 「イギリス」は |
|---|---|
| 「イギリス」「アメリカ」の表し方 | England ですか？<br>それとも Britain ですか？ |

　EU 離脱問題などで話題になったとおり、イギリスという国は4つの地域に分かれています。

　歴史的に言うと、ロンドンを中心とするイングランドが領土を広げて現在の形になりました。だから **England** には「イギリス」と「イングランド（地方）」の2つの意味があります。一方 **Britain** は、上図の右側の大ブリテン島（Great Britain）から来た言葉で、「イギリス」という意味です。だから国名としてのイギリスは Britain や **U.K.**（the United Kingdom の略）で表す方が誤解が生じません（北アイルランドやスコットランドが独立しない限り）。

## アメリカの呼び方は？

　同じことはアメリカにも言えます。**America** には「アメリカ大陸」の意味もあるので、アメリカ合衆国を指す場合は **the U.S. [United States]** などを使います。英語のニュースで「米国政府」は the U.S. government と言うのが普通です。

## Question about English 026
### 世界の英語

# アメリカ英語とイギリス英語はどのくらい違いますか？

　全体的に言えば**日本の方言の違いと同じくらい**でしょう。日本人でも英米人でも、地元の人同士で話すとき以外は標準語を使おうとするでしょうから、細かな違いを気にする必要はありません。それを前提として、わかりやすい違いの例をいくつか挙げておきます。

①単語のつづり：theater《米》－ theatre《英》（劇場）、color《米》－ colour《英》（色）、gram《米》－ gramme《英》（グラム）、realize《米》－ realise《英》（理解する）など

②単語の発音：leisure [líːʒər]《米》－ [léʒə]《英》（余暇）、tomato [təméitou]《米》－ [təmάːtəu]《英》（トマト）、vase [véis]《米》－ [vάːz]《英》（花びん）など

③使う言葉：fall《米》－ autumn《英》（秋）、apartment《米》－ flat《英》（アパート）、elevator《米》－ lift《英》（エレベーター）、vacation《米》－ holiday《英》（休暇）など

## first floor は 1 階？　2 階？

　そのほか、同じ語句を別の意味で使うこともあります。たとえば first floor は《米》では「1 階」、《英》では「2 階」（1 階は ground floor）です。**発音については、総じて《米》の方が日本人には聞き取りづらい**でしょう。たとえば Not at all. は《英》では「ノッタートー（ル）」、《米》ではしばしば「ナラロー」のように聞こえます。発音と言えば、**オーストラリア英語では「エイ」を「アイ」と発音する**のが有名です（例：today は「トゥダイ」）。

**Question about English 027**
大学に関係する語句

# 「大学」を意味する university と college の違いは何ですか？

「大学」を表す単語には、主に次の3つがあります。
- **university**：アメリカでは総合大学（大学院課程があり複数のキャンパスを持つことが多い）の意味。
- **college**：アメリカでは大学一般（または大学の学部）を指す。イギリスでは（中等学校卒業後に進む）専門学校の意味。
- **institute**：主に理工系の学問を学ぶ大学名に使う。（例：MIT [Massachusetts Institute of Technology] マサチューセッツ工科大学）

「大学に通う」は、アメリカ英語では **go to college**、イギリス英語では **go to university** と（冠詞をつけずに）言うのが普通です。

## 大学合格から卒業までを英語で言うと？

大学に関係する表現をまとめて見ておきましょう。
(1) 大学に出願する → **apply for [to] a college**
(2) （短期）大学に入学する → **enter a (junior) college**
(3) 大学（入試）に合格する
  → **pass the entrance examination to a college**
(4) 大学を卒業する → **graduate from college**
 ＊卒業論文は graduation thesis、卒業証書は diploma。
(5) 大学院 → **graduate school**
(6) 大学院生 → **(post)graduate**
 ＊学部学生は undergraduate。1～4年生は順に freshman, sophomore, junior, senior。

**Question about English 028**
英米の学校制度

# イギリスでは私立校をなぜ「パブリック・スクール」と言うのですか？

　アメリカで **public school** と言えば「公立学校」のことです。一方イギリスの public school は、エリート候補生が通う（寄宿制で中高一貫の）私立学校を指します。もともと（貴族ではない）一般の金持ちの子弟が通う学校だったので、公共性があることから public school と呼ばれるようになったとも言われます。

　　＊イギリスの私立学校は一般に上流家庭の子どもが通います。有名な public school には、Eton、Harrow、Rugby などがあります。日本の小学校～高校に当たる期間は、primary school（初等学校）と secondary school（中等学校）に分かれています。

## 「予備校・塾」「学期」の表し方

「予備校」は **preparatory [prep] school** と英訳することもできますが、アメリカで preparatory school と言えば大学進学の準備を行う私立中学・高校のことです。だから日本の「予備校」や「塾」は **cram school** と表現する方が誤解が少ないでしょう（cram＝詰め込み学習をする）。

　　＊アメリカの学校制度は州によって違い、日本と同じ6－3－3制の州もあれば、8－4制などの州もあります。6－3－3制の小学校は elementary school、中学校は junior high (school)、高校は senior high (school) と言います。

　なお「学期」は、1年を3期に分けた場合は **term**、日本の大学のように2期に分けた場合は **semester** と言います。

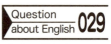

英米で使われる
単位

# 「1マイル」とはどのくらいの長さですか？

　長さ・重さの基本単位は日本ではメートル・グラムですが、英米では**ヤード・ポンド**です。まず、長さの単位を比べてみましょう。

| 略号 | 英米の単位 | 日本の単位（換算） |
|---|---|---|
| in. | 1インチ (inch) | 約2.5cm |
| ft. | 1フィート (foot) = 12インチ | 約30cm |
| yd. | 1ヤード (yard) = 3フィート | 約90cm |
| ml. | 1マイル (mile) = 1,760ヤード | 約1.6km |

＊footの複数形がfeet。one footはもともと大人の足のサイズが基準。

　野球好きな人なら、メジャーの速球投手の目安が時速100マイル（約160キロ）だと知っているでしょう。重さと容積は次のように言います。

〈重さ〉1オンス（ounce [oz.]）＝約28g
　　　1ポンド（pound [lb.]）＝ 16オンス＝約0.45kg
〈容積〉1（液量）オンス（(fluid) ounce [oz.]）＝約30ml
　　　1パイント（pint [pt.]）＝ 16オンス＝約0.5l
　　　1クォート（quart [qt.]）＝ 2パイント＝約0.95l
　　　1ガロン（gallon [gal.]）＝ 4クォート＝約3.8l

＊上の換算値はアメリカ式。イギリス式では数字がやや異なります。

　全部細かく覚える必要はありませんが、長さの単位くらいは知っておく方がイメージがつかみやすくなるでしょう。

## Question about English 030
### トイレに関する表現

# トイレの場所を尋ねるときは何と言いますか？

　Where is the toilet? でも通じなくはないけれど、toilet は英語では「便器」という意味もあるので、ちょっと表現がストレートすぎます。次のような言い方を覚えておきましょう。

(1) **Where is the restroom?**（トイレはどこですか）

　＊デパートや公共施設などのトイレは restroom と言うのが一般的。少していねいに言うと、Can you tell me where the restroom is?（トイレがどこにあるか教えてもらえますか）。

(2) **Where can I wash my hands?**（お手洗いはどこですか）

　＊直訳は「どこで手を洗えますか」。Where is the washroom? とも言えます。

(3) **Is there a Ladies near here?**

　（この近くに女性用トイレはありますか）

　＊女性用トイレは ladies(') room、powder room とも言います。男性用トイレは men's room、Gents。

(4) **May I use your bathroom?**（トイレをお借りできますか）

　＊家庭用のトイレは bathroom、lavatory、toilet などで表します。

## トイレに関するその他の表現

　主に男性同士で使うくだけた言い方で、Nature calls.（自然が呼んでいる→トイレに行きたい）という言い方もあります。また「水洗トイレ」は a flush toilet、「（水洗）トイレの水を流す」は flush a toilet です。トイレの脱臭剤は deodorant と言います。

## Question about English 031
### PCへの配慮

# 大学1年生の女子学生をfreshmanと言えますか？

　fresh woman という言葉はないので、大学一年生の女子学生は She is a freshman (in college). と言えます。しかし、近年では男女同権（**PC** [political correctness]）の観点から、**-man のつく言葉は避ける傾向があります**。

(1) 妹は大学1年生です。
　　→ My sister is a **first-year college student**.

同様の例をいくつか挙げておきます。

- ビジネスマン：△ businessman → ○ **business person**
  * businessman はもともと「実業家、経営者」の意味。日本語の「ビジネスマン (office worker)」と同じ意味で使うこともあります。

- 議長：△ chairman → ○ **chairperson**
- 消防士：△ fireman → ○ **fire fighter**
- セールスマン：△ salesman → ○ **sales clerk**
- 郵便配達人：△ mailman → ○ **mail carrier**
- スチュワーデス：△ stewardess → ○ **flight attendant**
  * -ess は女性につける語尾。男性の客室乗務員もいます。

また、男優は actor、女優は actress ですが、最近では女優も **actor** と言うことがあります。男女のどちらか一方だけを表す語は、なるべく使わない方がよいでしょう。

## Question about English 032
### 言葉の歴史的背景

# 「映画に行く」はなぜ go to the movies と複数形を使うのですか？

　昔の映画は2本の同時上映が基本で、「映画を見る」と言えば2本の映画をまとめて見るのが普通でした。そこから go to the cinema（映画館へ行く）の意味で go to the movies という言葉を使うようになったのです。この表現の the movies は「その（複数の）映画」という意味ではありません。

(1) きのう映画を見に行ったよ。
　→ ○ (a) I went to see a movie yesterday.
　　○ (b) I went to the movies yesterday.
　　× (c) I went to the movie yesterday.

　(a)は「ある映画を見に行った」、(b)は「映画館へ行った」の意味です。一方(c)は「その映画に行った」という意味だから、会話の切り出しには使えません。

## 映画館なら see、テレビなら watch を使う

「映画を見る」は、映画館の大きなスクリーンで見る場合は see [watch] a movie ですが、テレビや DVD で見る場合は watch [× see] a movie が普通です。watch television と同じです。もともとの意味は「**see ＝見える [目に入ってくる]**」「**watch ＝（動くものなどを）じっと見る**」ということ。see a bird は「鳥が見える」、watch a bird は「鳥を見つめる」という意味です。だから bird-watching とは言いますが、bird-seeing とは言いません。

## Question about English 033
可算名詞と不可算名詞

# 「1個のパン」を a bread と言わないのはなぜですか？

「1個のパン」は **a piece of bread** です。英語では一般に、**決まった形がないもの**は数えられない名詞[**不可算名詞**]です。water（水）や air（空気）と同じように、bread（パン）にも決まった形はありません。bread と聞いて思い浮かべる形は、人によって違います。しかし sandwich（サンドイッチ）や hamburger（ハンバーガー）は、誰もが同じ形を思い浮かべる（決まった形がある）とみなされています。だからこれらは数えられる名詞[**可算名詞**]として扱うわけです。

ただしこのルールは、絶対的なものではありません。たとえばfruit（果物）は、bread と同じ理由で a fruit とは言えません（「1つの果物」は a piece of fruit）。しかし vegetable（野菜）は数えられる名詞で、a vegetable と言えます。

## 不可算名詞に a をつける場合

**基本的には数えられない名詞でも、種類を意識しているときは a をつける**ことがあります。たとえば feeling（感情）には決まった形はありませんが、a sad feeling（悲しい気持ち）のように言えます。一方「いい天気」は good weather と言い、a good weather は間違いです。

これらの例からもわかるとおり、名詞の前に a をつけることができるかどうかは、1つずつ覚えていくしかありません。詳しくは次項で説明します。

## Question about English 034

可算名詞と不可算名詞

# mail と e-mail の数え方が違うのはなぜですか？

　文法的に言えば、**mail** は **furniture**（家具）などと同じ**集合名詞**です。家具にはテーブル・いす・戸棚などいろんな形のものがありますね。このような場合、「1つの家具」は a furniture ではなく **a piece of furniture** と言います。「家具という集合体のひとかけら」という感じです。mail もこれと同じです。郵便屋さんが持って来る郵便には、はがき・封書・小包などさまざまな形のものがあるので、「1つの郵便」は a mail ではなく **a piece of mail** と言います。一方、**e-mail** は1つの決まった形を持つので集合名詞として扱う必要がありません。そこで普通名詞（つまり可算名詞）として扱い、「1通の電子メール」は **an e-mail** と言うわけです。

## 日本人が間違えやすい不可算名詞

　日本語の名詞には可算・不可算の区別がないので、英語を使うときはこの区別を正確に知っておく必要があります。日本人が間違えやすい不可算名詞を下にまとめています。これらの名詞は、原則として **a をつけたり複数形にしたりすることはできません**。

---

**advice**（助言）、**baggage/luggage**（手荷物）、**equipment**（設備、装置）、**furniture**（家具）、**homework**（宿題）、**information**（情報）、**mail**（郵便）、**money**（お金）、**news**（ニュース）、**paper**（紙）、**software**（ソフト）、**staff**（職員団）、**toast**（トースト）、**travel**（旅行）、**trouble**（苦労、困難）、**weather**（天気）、**work**（仕事）

---

1 単語と発音

## Question about English 035
名詞の単数・複数に関する注意

# 「このめがね」の英訳は this glasses ですか？それとも these glasses ですか？

　「このめがね」の正しい英訳は、**these glasses** または **this pair of glasses** です。〈this ＋複数形の名詞〉という形はないので、this glasses とは言えません。

　**glasses**（めがね）、**shoes**（靴）、**pants**（ズボン）、**scissors**（はさみ）など、対になる２つの部分からできている品物は、１つでも複数形を使います。それらが主語のとき、動詞は複数で受けます。

(1) Where **are** [ × is] my scissors?（私のはさみはどこ？）

これに関連して、間違いやすい例をいくつか挙げておきます。

(2) The Giants **are** [ × is] likely to win.
　（ジャイアンツが勝ちそうだ）
　＊チームとしては１つでも、形が複数形（Giants）だから複数扱いして are を使うのが普通。

(3) Who **is** [ × are] coming to the party?
　（パーティーには誰が来るの？）
　＊主語の働きをする who、which、what は、常に単数扱い。この文の場合、複数の客が来ることが明らかでも are は使えません。

(4) Enough time and money **are** [ × is] necessary for us.
　（十分な時間とお金が我々には必要だ）
　＊ time も money も数えられませんが、and で結びつけられて主語になるときは複数扱いです。

## 2
### 「会話とコミュニケーション」についての疑問

# How are you? と言われたとき、どんな答え方ができますか？

英語で会話をする際に,「この表現を使ってもいいのだろうか？」と思うことはありませんか？ たとえば,相手に名前を尋ねるとき What's your name? と言ったら失礼にならないか……この章ではそうした疑問などを取り上げ,円滑なコミュニケーションを行うための基礎知識を確認していきます。

## Question about English 036
助動詞の過去形の利用

# 英語にも「敬語」がありますか？

「ていねいな表現」は英語にもたくさんあります。ただ、単語と単語を置き換えるような敬語表現は日本語ほど多くありません。1つ例を挙げてみましょう。

(1) **Thank** you for your help.（手伝ってくれてありがとう）
(2) I **appreciate** your help.（お手伝いに感謝します）

これらの文の伝えたい意味は同じですが、thank より appreciate（〜に感謝する）の方が改まった語なので、(2)の方がていねいに聞こえます。また了解の返事をする場合、**Sure.**（わかりました）よりも **Certainly.**（かしこまりました）の方がていねいに響きます。

## 「助動詞」を過去形にすればていねいな言い方に

英語のていねい表現として知っておきたいのは、**助動詞の過去形（would、could など）**です（→112）。会話では特によく使われます。

(3) (a)That is difficult. / (b) That **would be** difficult.
　　（それは難しいです）　　（それは難しいでしょう）

is だと「難しい」と断定する感じですが、would be は「(もしやろうとしても) 難しいでしょう」というソフトな言い方になります（→112）。I want 〜のていねい表現が **I'd [=I would] like** 〜なのも同じです。次のような言い方もあります。

(4) "Will it rain tomorrow?" "**Could be**."
　　（「明日は雨が降るだろうか」「かもね」）

## Question about English 037
ストレートな表現の言い換え

# 英語にも遠回しな言い方がありますか？

　たとえば、かつては「身体障害者」を **the handicapped** と言っていました。〈**the ＋形容詞［分詞］**〉は「**〜な人々**」の意味で使えるので、the handicapped は handicapped people（障害を持つ人々）の意味です。しかし今日では、**disabled people** または **people with disabilities** と表現するのが一般的です（disable ＝無力にする、障害を負わせる）。また「目が見えない」は blind、「耳が聞こえない」は deaf ですが、「視覚［聴覚］障害者」を blind [deaf] people と言うのは表現がストレートすぎます。そこでこれらは、**visually [hearing] impaired people** と言います（impair ＝損なう、弱める）。

## 「死ぬ」は pass away、「お年寄り」は elderly people

　このように、響きの強い語句を別の遠回しな語句で言い換えることはよくあります。

　(1) His father **passed away** last year.
　　（彼のお父さんは昨年亡くなった）

　日本語でも「死ぬ」を「亡くなる」と言い換えますね。英語も同じで、die（死ぬ）は響きがきついので、代わりに **pass away**（亡くなる）を使います。また、「年寄り」を old people と言うのもストレートすぎます。そこで日本語の「高齢者」に当たる言葉として **elderly people** や **senior citizens** が使われます。あるいは fat（太っている）の代わりに、女性の場合は **plump**（ふっくらした）、男性の場合は **stout**（がっしりした）などを使います。

## Question about English 038
### 疑問文への答え方の注意

# Who came first? と聞かれて、It's me.（私です）と答えることができますか？

　Who came first?（誰が最初に来たの？）に対して「私です」と答える場合、学校のテストでは **I did.** が正解だと教えます。しかし実際には、It's me who came first.（最初に来たのは私です）の意味で単に **It's me.**、あるいは **Me.** だけで答えることもできます。

　＊文法的には It's I. が正しいとされますが、非常に堅苦しく響くので実際にはまず使われません。

## 疑問詞で始まる質問に答える形の許容範囲

　同じように、次のような答え方もできます。
　(1) "**Where** are you from?" "**I'm** Japanese."
　　（「どちらのご出身ですか」「私は日本人です」）
　＊もちろん I'm from Japan. と答えてもかまいません。
　(2) "**What** do you do?" "I'm in charge of sales at a construction company."
　　（「お仕事は何ですか」「建設会社で営業を担当しています」）
　このように**疑問詞で始まる質問に答えるときは、必ずしも質問の文と同じ形を使う必要はありません。**
　一方、Yes か No かで答える質問に対しては、質問の文と同じ形で答えるのが原則です。
　(3) "**Are** you coming tomorrow?" "Yes, I **am** [ × will, do]."
　　（「明日は来るの？」「うん、来るよ」）

| Question about English | 039 |

姓が先か
名前が先か

# I'm Yamada Taro.と I'm Taro Yamada.はどちらが普通の言い方ですか？

　英語圏では**「名-姓」**の順に言うのが普通だから、かつてはI'm Taro Yamada. と言うのがよいとされていました。しかし最近の日本の中学教科書では、I'm Yamada Taro. のように日本語と同じ順で表記してあります。これについては、たとえば「英語圏に行ったら相手の文化に敬意を表してそのスタイルに合わせる（Taro Yamadaと言う）。日本に来た英米人と話すときは自国のスタイルに合わせる（Yamada Taroと言う）」と考える人もいるでしょう。

　また、相手が日本の習慣をよく知らない場合、Yamada Taro と言うとどちらが family name（姓）でどちらが given name（下の名前）なのかを理解できないかもしれません。そういう場合は、**英語圏では下の名前で呼び合うのが一般的**だから、**Call me Taro.**（太郎と呼んでください）と付け加えればよいでしょう。

## Mr. Yamada か Yamada-san か？

　姓で呼ぶときは Mr. Yamada と言いますが、Mr.、Mrs.、Ms. などは一般の日本人が考えるより堅苦しい言葉なので、英語圏の人が日本人を呼ぶときはしばしば Yamada-san（山田さん）のように言います。結局、大切なのは表現の形よりも相手に対する気配りということです。

## Question about English 040
### 相手の名前を尋ねる表現

# What's your name? と聞くのは失礼ですか？

　大勢が集まるイベントなどで初対面の人としばらく話した後で、(By the way,) my name is Hiroshi. (And) what's your name?（(ところで、)ぼくの名前はヒロシです。君の名前は何て言うの？）などと尋ねるのはセーフです。このとき、文末を**上昇調**（Is this a pen? のようなイントネーション）で発音する方が柔らかく響きます。ていねいな言い方をすれば **May I ask [have] your name, please?** で、これはホテルのフロントなどで使うフォーマルな表現です。なお、Who are you? は「おまえは誰だ」という失礼な響きになるので使わないように。

## 相手の職業を尋ねる表現

　相手の職業を尋ねる場合はどうでしょうか。
　(1) あなたの仕事は何ですか。
　　→ ○ (a) **What do you do?** / △ (b) What's your job?
　What's your job? も尋問調に響くことがあるので避けた方がよいでしょう。Could you tell me what your job is?（お仕事を教えていただけますか）ならセーフですが、What do you do? が最も普通の尋ね方です。
　なお、(1)のように尋ねられて「私の仕事はエンジニアです」と答えたいとき、My job [It] is an engineer. と言ってはいけません。job はもの、engineer は人だから、be 動詞で結びつけることはできないからです（→77）。正しくは I'm an engineer. です。

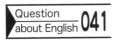
「趣味」と hobby

# 初対面の人に趣味を尋ねるときの、適切な表現は何ですか？

「趣味はなんですか？」という問いには、いくつかの重要なことが含まれています。まず、次の2つの文から見てみましょう。

(1) 趣味は何ですか。

→△ (a) What's your hobby? / ○ (b) What are your hobbies?

2つの文のうちでは (b) がベターです。(a) は相手の趣味が1つだけだと想定しています（→178）が、2つ以上の趣味を持っている人もいるからです。

ただし、(a)(b) のような文は実際にはあまり使われません。英語の hobby は、プライベートな時間に積極的に（体や頭を動かして）行う活動を指します。たとえば日曜大工や俳句などが典型的な hobby です。家でごろごろテレビを見たりするのは **pastime**（娯楽）であり hobby ではありません。つまり、hobby を持たない人は (a)(b) のような質問をされると答えに困るわけです。hobby という語を使って尋ねるなら、**Do you have any hobbies?**（何か趣味はありますか）が一番よいでしょう。

## 趣味を尋ねる適切な表現

話題作りとして相手の趣味を尋ねたいなら、**What do you do in your free time?**（空き時間には何をしていますか）が適切な表現です。これなら hobby を持っていない人でも、I enjoy watching sports on TV.（テレビでスポーツを観戦しています）などと答えることができます。

| Question about English | 042 |

**How are you?（元気ですか）以外には、どんなあいさつ表現がありますか？**

あいさつのバリエーション

　親しい相手にあいさつをするとき、How are you? と言うのでは味気ないですね。「ごきげんいかが？」に当たる表現には次のようなものもあるので、覚えておくとよいでしょう。

　⑴ **How are you doing?** ⑵ **How are you getting along?**
　⑶ **How's it [everything] going?** ⑷ **How goes it?**
　⑸ **What's new?** ⑹ **What's up?**

　⑹ の What's up? は「どうした［何かあった］の？」の意味でも使います。次の言い方も覚えておきましょう。

　⑺ "**What's wrong with** the copier?" "The paper is jammed."
　　（「コピー機はどうしたの？」「紙が詰まってるんだ」）

　What's wrong (with 〜)? を直訳すると「（〜に関して）何が具合が悪いのですか？」。何か問題がありそうなのを察して尋ねる言い方です。What's the matter (with 〜)? とも言います。

　⑻ "**Is there anything wrong with** you?" "No. I'm OK."
　　（「どうかしたの？」「いや、大丈夫だよ」）

　具合が悪いのかどうかよくわからないときは、この形を使います。肯定文なら something を使えばＯＫです。

　⑼ カメラの調子が悪いんだ。
　　→ **Something is wrong with** my camera.

**Question about English 043**

答え方の
バリエーション

# How are you? と言われたとき、どんな答え方ができますか？

　How are you? という問いに、いつも I'm fine, thank you. と答える日本人は少なくないでしょう。しかし I'm fine, thank you. というフレーズは紋切り型で冷たく響くこともあるので、実際の会話ではしばしば別の答え方をします。たとえば次のように言ってみましょう。

　(1) "How are you?" "Pretty good. And you?"
　　（「元気かい？」「元気だよ。君の方は？」）

　Pretty good. は「かなりいい」という意味です。もっと肯定的な返事をしたいなら、Just great [fine]、Really good. なども使えます。I'm cool. という言い方もあります（cool =すてきな、かっこいい）。また、上の例にあるように「君の方はどう？」という言葉を添えるようにしましょう。How about you? でもかまいません。

## 状況や気分に応じたさまざまな答え方

　さらに、次のような答え方も知っておくとよいでしょう。

　(2) **Much the same.**（相変わらずさ）

　(3) **Not (too) bad.**（悪くないよ）

　(4) **Just so-so.**（まずまずだね）

　(5) **(I) can't complain.**（何とかやっているよ）

　(6) **Nothing new with me.**（こちらは何も変わりないよ）

　(7) **Busy as ever.**（相変わらず忙しいよ）

　(8) **I'm a little tired, but OK.**（少し疲れているけど問題ないよ）

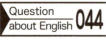
初対面の人への
あいさつ

# How do you do? と Nice to meet you. は、どちらが普通の言い方ですか？

　最近の英和辞典には実用的な情報がたくさん載っているので、まず how を調べてみましょう。How do you do? は古風な言い方だと書いてあるはずです。「初めまして」は **(It's) nice to meet you.** が一般的な表現で、カジュアルな場面なら **Hi.** でもかまいません。そのほか **(I'm) glad to see [meet] you.** なども使えます。

　　＊ How do you do? をくだけた発音で How d'ye do?（ハウディアドゥー）とか Howdy.（ハウディ）などと言うこともあります。

## nice と good を使ったさまざまな表現

　nice や good は幅広く使える語で、次のような表現もあります。
(1) **It was nice [good] talking to you.**
　　（お話しできて楽しかったです［ごきげんよう］）
　＊別れるときに使います。
(2) **It's nice [good] to have you here.**
　　（来ていただいてうれしいです［ようこそ］）
　＊相手を歓迎するときに使います。
(3) **It's nice [good] to be here.**（ここに来られてうれしいです）
　＊歓迎を受けたときに使います。
　また、初対面の人には次のような言い方もします。
(4) **I've heard a lot about you.**
　　（おうわさはかねがね伺っています）
(5) **Let me introduce myself.**（自己紹介させてください）

## Question about English 045
### 久しぶりに会った人へのあいさつ

# It's been ages. が「久しぶりですね」という意味になるのはなぜですか？

次のように考えることができます。
(1) 久しぶりですね。
→ (a) It's been a long time (since we last met).
　(b) It's been ages (since we last met).

(a)(b) の It's は It has の短縮形で、has been は現在完了形です（→ 97）。そこで (a) は「私たちが最後に会って以来長い時間が経っている→久しぶりですね」という意味になります。(b) は a long time を ages に置き換えたものです（どちらの文でも since 以下は普通省略します）。age は year の同意語だから、It's been ages. は「（私たちが最後に会って以来）何年も経っている」という意味です。

## ご無沙汰していた人に会ったときの声のかけ方

久しぶりに会った人へのあいさつの表現には、次のようなものもあります。
(2) **Long time no see.** （久しぶりだね）
(3) **You haven't changed a bit.** （君はちっとも変わってないね）
(4) **How have you been?** （元気にしてたかい？）
(5) **What have you been doing since then?**
　（その後どうしていたの？）
また、意外な場所で会った人には次のような言い方ができます。
(6) **Small world!** （世の中は狭いですね）
(7) **What a coincidence!** （奇遇ですね［何という偶然でしょう］）

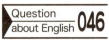

# Are you 〜 ? と Aren't you 〜 ? はどう使い分ければよいですか？

否定疑問文

〜 n't を文の最初に置いた疑問文を、**否定疑問文**と言います。次の２つを比べてみましょう。

(1) Are you hungry?（おなかがすいていますか）

(2) **Aren't** you hungry?（おなかがすいていませんか）

(1) は、Yes か No かを尋ねる文です。一方(2)のような否定疑問文は、基本的に **Yes の答えを期待する**言い方です。つまり(2) は「おなかがすいていますよね？」ということ。答えるときは、内容が肯定なら Yes、否定なら No を使います。

(3) "**Aren't** you hungry?" "**Yes**, I am. [**No**, I'm not.]"
（「おなかがすいていませんか」「空腹です［空腹ではありません］」）

## Yes の答えを期待しているときは否定疑問文を使う

同じような例をいくつか挙げておきます。どの文でも、相手に Yes の答えを期待していることに注意してください。

(4) **Don't** you know this song?
（この歌を知らないの［知っているよね］？）

(5) **Can't** you eat fish?
（魚を食べられないの［食べられるよね］？）

(6) **Won't** you help me?
（手伝ってくれないの［手伝ってくれるよね］？）

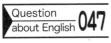

# 相手の言葉に答えるには Really?(本当に?)以外にどんな言い方がありますか?

相手の言ったことに対して、いつも Really? と答えてしまうという人もいるでしょう。たとえば、

(1) "I went to Kyoto last week." "Really?"
（「先週京都に行ったの」「本当に？」）

この Really? の代わりに使える表現として、**Did you?** を覚えておきましょう。Did you (go to Kyoto last week)? を短くしたものです。**You did?** も言います（上昇調で読みます）。

## 今日から使える「聞き返し疑問文」

このように相手の発言を使って聞き返す形は、**聞き返し疑問文**とも呼ばれます。次の例も同じパターンです。

(2) "I'm going on a trip next month." "**Are you?** Where to?"
（「来月旅行に行くの」「そうなの？どこへ？」）

(3) "I can't swim at all." "**Can't you?**"
（「ぼくは全然泳げないんだ」「そうなの？」）

また、次のような言い方も知っておくとよいでしょう。

(4) "I'm thinking of changing jobs." "**Is that so?** Why?"
（「転職しようかと思ってるんだ」「そうなの？なぜ？」）

(5) "I've decided to quit my job." "**Are you serious?** Why?"
（「仕事をやめることにした」「マジで？なぜ？」）

(6) "I can't find my camera." "**You mean** you've lost it?"
（「カメラが見当たらないんだ」「なくしたってこと？」）

## Question about English 048
### 聞き返すときの表現

# 相手の言ったことが聞き取れないとき、Pardon? 以外にどんな言い方がありますか？

Pardon? の代わりに使える表現としては、まず **Excuse me?** があります（上昇調で読みます）。こう言えば相手は「自分の言葉が聞き取れなかったんだな」と理解してくれるでしょう。次のような言い方もあります。

(1) Sorry, **I didn't catch** the last part.
（すみません、最後の部分が聞き取れなかったのですが）

(2) **Did you say** Sera or Seda?
（セラと言われましたか、それともセダですか）

(3) Can [Could] you **repeat that** again?
（もう一度言っていただけますか）

(3) で Once more, please. と言うのは命令口調に響くので避けましょう。

## 電話で相手の声が聞き取れないときは…

電話が遠くて聞こえないときは、次のような言い方ができます。

(4) Sorry, **I can't hear you well**.
（すみません、あなたの声がよく聞こえません）

(5) Can [Could] you **speak a little louder**?
（もう少し大きな声で話していただけますか）

(5) で Please speak a little louder. と言うと「もうちょっと大きな声で話せないの？」と相手を責めているように受け取られかねないので注意しましょう（→ 50 ）。

## Question about English 049
### 疑問詞をはめこんだ疑問文

# 相手の発言中の聞き取れなかった箇所だけを尋ねるには何と言いますか？

相手の発言をそのまま使って、**聞き取れなかった箇所だけを適切な疑問詞に置き換えて尋ねる言い方**を知っておきましょう。

(1) "I'm interested in tai chi." "You're interesting in **what**?"
（「太極拳に興味があるの」「何に興味があるんだって？」）

この例では、聞き手は下線部（tai chi）が聞き取れなかったわけです。同じような例をいくつか挙げておきます。

(2) "I'm from Illinois." "You're from **where**?"
（「私はイリノイ州の出身です」「どこの出身ですって？」）

(3) "I met Emi and Ema yesterday." "You met **who**?"
（「きのうエミとエマに会ったんだ」「誰と会ったんだって？」）

＊Emaだけが聞き取れなかったときは、You met Emi and who? と問い直せばＯＫです。

(4) "Makiko works at Mika's father's store." "**Who** works at **whose** store?"（「真紀子は美香の父親のお店で働いている」「誰が誰の店で働いているって？」）

## Excuse me? で問い直してもよい

たとえば(2)で Where are you from? と問い直すのは、非常に不自然だから避けること。なおこれらの例では、48で説明したように Excuse me? などを使って問い直してもかまいません。

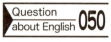

頼み方の基本

# 手伝ってほしいときは Please help me. と言えばよいですか？

Please help me. は「お願い、手伝って！」という感じに響くからあまり使われません。学校では「please をつければていねいな言い方になる」としばしば教えますが、命令文（Help me.）に please を加えても相手に「〜しなさい」と指示している（選択の余地を与えていない）ことに変わりはありません。相手に何かを頼むときは、**疑問文の形を使う**ようにしましょう。

(1) **Could you** (please) help me?（手伝っていただけますか？）

これが一番無難。could は仮定法過去に由来するていねいな言い方です（→ 112）。会話では Can you 〜？もよく使います。

(2) Excuse me. **Can you** tell me the way to the station?

（すみません。駅へ行く道を教えてもらえますか？）

これは知らない人に道を尋ねる一般的な言い方です。Can you 〜？は「あなたは〜することができますか？」という意味だから相手に失礼じゃないか？と思うかもしれませんが、そんなことはありません。

(3) 駅まで車で送ってもらえますか？

　→ ○ (a) **Would you** (please) drive me to the station?

　　△ (b) <u>Will you</u> (please) drive me to the station?

Would you 〜？は（Could you ほどではありませんが）比較的ていねいな言い方です。Will you 〜？は「〜してよ」という感じのカジュアルな表現なので、親しい間柄以外では使わない方がよいでしょう。

## Question about English 051

指示を与える命令文

# 命令文を使うかどうかはどのように判断すればよいですか？

命令文を使うかどうかは、基本的には次のように覚えておきましょう。

> ・相手に判断してもらうときは命令文を使わない。
> ・相手に何かを指示するときは命令文を使う。

## 日本語と同じように考えてはいけない

具体的な会話の例を見てみましょう。

(1) A: Hello. This is Bill Jackson from Northwood Advertising.
（もしもし。ノースウッド広告社のビル・ジャクソンです）
　B: Excuse me. Could you speak more slowly?
（すみません。もっとゆっくり話していただけますか）

この会話で下線部を Please speak more slowly. と言うと、「もっとゆっくり話せよ」と指図しているように響くのでＮＧです。

(2) A: Tell me how to use this machine.
（この機械の使い方を教えてください）
　B: Certainly, ma'am. First, please press this button.
（かしこまりました。まず、このボタンを押してください）

この会話の場合、ボタンを押すことは必須であって、Bに選択の余地はありません。こういう場合は命令文を使えばＯＫ。Could you press this button, please? も使えますが、そこまでていねいに言う必要はありません。

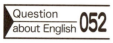

## 「この本を借りてもいいですか」と頼むには何と言いますか？

仮定法の利用

英訳例をいくつか示します。下に行くほどていねいな言い方です。

(1) **Can I** borrow this book?

(2) **May I** borrow this book?

(3) **Do you mind if** I borrow this book?

(4) **Would you mind if** I borrowed this book?

(5) **I'd [I would] appreciate it if** you could [would] lend me this book.

Can [May] I ～? は「～してもいいですか」。can なら「私は～できますか」、may なら「私は～する許可をもらえますか」で、may の方がていねいです。(3) は「もし私がこの本を借りたらあなたはいやですか」の意味です。

### 「仮定法」を使ったていねいな言い方

(4) のように仮定法過去を使うと、(3) よりもていねいな言い方になります。次のような言い方もあります。

(6) **Would it be all right if** I borrowed this book?

「私がこの本を借りたら（それは）だいじょうぶでしょうか」ということ。この文でも仮定法過去が使われています。

(5) は「もしあなたが私にこの本を貸してくれたら、私はそれに感謝するのですが」。非常にていねいな言い方で、主に書き言葉で使います。会話では (1) ～(4) のどれかを使いましょう。

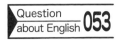

誘うときの表現

# 「カラオケに行きましょう」と誘うには何と言いますか？

「〜しよう」に当たる一般的なフレーズは Let's 〜 ですが、そのほかいくつかの言い方を挙げてみましょう。

(1) **Let's** go to karaoke.
(2) **Shall we** go to karaoke?
(3) **Why don't we** go to karaoke?
(4) **How about** going to karaoke?

(1) は「行こう」と言っているので、やや強引な誘い方です。一方、(2)〜(4) は疑問文で、相手に判断を委ねています。したがって**(2)〜(4) の方がていねいな誘い方**です。

## shall の代わりに使う should

(2) の shall はイギリス英語で好まれる語で、アメリカ英語ではあまり使いません。次の例も同様です。

(5) **Shall [Should] I** help you?（お手伝いしましょうか）

学校では〈Shall I 〜? ＝（私が）〜しましょうか〉と習いますが、**アメリカ英語では shall よりも should が好まれます。**

また、アメリカ英語では(3) の形もよく使います。(3) の直訳は「私たちはなぜカラオケに行かないのか」ですが、〈**Why don't we 〜? ＝〜しませんか**〉と覚えておきましょう。

(4) の **How about 〜?** は誘うというより提案するときの言い方で、本人は必ずしも「カラオケに行きたい」と思っているわけではありません。「カラオケとか、どう？」という感じです。

## Question about English 054
### 状況に応じた「すみません」の英訳

# Excuse me. と I'm sorry. はどう使い分ければよいですか？

日本語の「すみません」に当たる英語には、主に次の3つがあります。正しく使い分けましょう。

**①相手の注意を引くとき**

(1) "**Excuse me.** Can I sit here?" "Yes, please."

（「すみません。ここに座ってもいいですか」「ええ、どうぞ」）

**②相手に謝るとき**

(2) "**I'm sorry** I'm late." "That's OK. I've just arrived, too."

（「遅れてすみません」「いいですよ。私も今着いたところです」）

**③相手に感謝するとき**

(3) "**Thank you** for helping me." "You're welcome."

（「手伝っていただいてすみません」「どういたしまして」）

## Excuse me. の幅広い使い方

(1) の Excuse me. はもともと「私を許してください」という意味です。電車などに乗っていて「すみません（ここで降ります）」と言いたいときは、Excuse me. (I'm getting off here.) などと言えばOK。エレベーターなら This is my floor.（この階で降ります）という言い方もできます。

なお、(2)(3) の返答には No problem.、Not at all. などを使うこともできます。

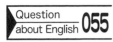

sorry の使い方

# 「遅れてすみません」の適切な英訳は何ですか？

「遅れてすみません」で考えられる文を3つ挙げてみます。どれが最も自然な英語かわかりますか？

(1) I'm sorry to be late.
(2) I'm sorry for being late.
(3) I'm sorry I'm late.

正解は(3)で、これが最も普通の言い方です。I'm が I was でないのは「今遅刻した状態だ」ということ。I'm sorry I was late. だと、「この前は遅れてごめん」と言っているように響きます。

一般には、sorry の後ろに(1)(2)のような形を置くこともできます。

(4) I'm sorry to hear that.
（それはお気の毒に［それを聞いて残念に思います]）

(5) (I'm) sorry for keeping you (so late).
（〈こんなに遅くまで〉お引き止めしてすみません）

## I'm sorry I'm late. が好まれる理由

**動詞や形容詞の後ろに（that で始まる）文の形を置く**のはシンプルな表現方法だから、会話では特に好まれます。(3) はその例です（sorry の後ろに that が省略されています）。

(6) 彼は正直な男だと思う。
　→ (a) I think (that) he is an honest man.
　　 (b) I think him to be an honest man.

この場合も、(a) の方が口語的な形です。

## Question about English 056
I think so. などの表現

# 相手の言葉に同意して「そうですね」と答えるには何と言いますか？

「そうですね」と言いたいときは、便利な言葉として I think so. を覚えておきましょう。

(1) "Is he going to change jobs?" "**I think so.**"
　（「彼は転職するつもりなの？」「そう思うよ」）
(2) "Don't you think it's too expensive?" "Yes, **I think so, too.**"
　（「高すぎると思わない？」「ええ、私もそう思うわ」）

## think の代わりに使える語

think の代わりに hope など別の言葉を使うこともできます（→ 60）。否定的な内容なら so を not に置き換えればＯＫです。

(3) "I wonder if the bus will come on time." "**I hope so.**"
　（「バスは時間どおりに来るかしら？」「来るといいね」）
(4) "Have you lost your key?" "**I hope not.**"
　（「カギをなくしたの？」「そうでなければいいんだが」）
(5) "Is this diamond an imitation?" "**I'm afraid so.**"
　（「このダイヤが偽物ですって？」「残念ながらそうです」）
(6) "I've lost my bag. Did you see it?" "No, **I'm afraid not**."
　（「バッグをなくしたの。見た？」「いや、見なかったよ」）
(7) "They aren't coming, then?" "**I guess not.**"
　（「じゃあ彼らは来ないのかい？」「来ないみたいね」）

また、たとえば They aren't coming.（彼らは来ないよ）に対して、**Why not?**（なぜ来ないの？）と聞き返す言い方もあります。

## Question about English 057

部分否定の利用など

# 相手の誘いや頼みを穏やかに断るには何と言いますか？

たとえば Can you help me?（手伝ってくれる？）と言われて No, I can't. とだけ答えたのでは、少し冷たすぎます。穏当な答え方の基本は、〈**(I'm) sorry ＋理由**〉です。

(1) "Can you help me?" "**I'm sorry**, but I'm busy now."
（「手伝ってくれる？」「ごめん、今忙しいんだ」）

(2) "Why don't we go to karaoke?" "**Sorry**, I'm tired today."
（「カラオケに行かない？」「ごめんね、今日は疲れてるの」）

## 部分否定を使った穏やかな答え方

「あまり〜ではない」という意味を表す形（部分否定）を使って、否定的な答えを和らげることができます。

(3) "Do you like fish?" "**Not really**."
（「魚は好き？」「あんまり好きじゃないんだ」）

Not really. は I don't really like fish.（私は本当に魚が好き［魚が大好き］なわけではない）を短くした形です。not の後ろに「全部」「完全に」などの意味を表す語を置くと、「**全部が［完全に］〜だというわけではない**」という意味になります。

(4) "Did you agree?" "**Not exactly**. I just didn't object."
（「賛成したの？」「ちょっと違う。反対しなかっただけさ」）

Not exactly. は「正確には〜ではない→ちょっと違う」という意味で使う表現です。

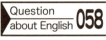

I'd rather
などの利用

# 「やめてほしい」という気持ちを穏やかに伝えるには何と言いますか？

　たとえば禁煙の場所でたばこをすうのをやめてもらいたいときは、次のように言えます。
　⑴ Excuse me. **Smoking is not allowed** here.
　　（すみません。ここは禁煙ですよ）
「禁煙」という掲示には、たいてい You are not allowed to smoke here.（あなたはここでたばこをすうことを許されていない）と書いてあります。さらにていねいな次のような表現もあります。
　⑵ Please **refrain from smoking** here.
　　（ここでは喫煙はお控えください）＊ refrain from ～＝～を控える

## 「たばこをすってもいいか」という問いにノーと答えるには

　では、「たばこをすってもいいですか？」と尋ねられた場合はどうでしょうか。
　⑶ "Would you mind if I smoked?" "**I'd rather you didn't.** I'm pregnant."（「たばこをすってもかまいませんか？」「できればやめていただけますか。妊娠中なので」）
〈**would rather ＋過去形**〉は「むしろ～でなければいいのにと思う」という意味です。I'd rather you didn't (...) は「私はあなたが（…を）しなければいいと思う」。やんわりと断ったり禁止したりするときに使えるていねいな表現として覚えておきましょう。
　⑷ "May I take a picture of you?" "**I'd rather you didn't.**"
　　（「写真を1枚撮ってもいいですか？」「ご遠慮します」）

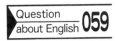

# 相手の質問に「よくわからない」と答えるには何と言いますか？

「よくわからない」と言いたいときによく使う表現は **I'm not sure.**（よくわかりません）です。ただ、これだけだと素っ気ないので、何か言葉を添えるようにしましょう。

(1) "How long will it take to walk there?" "**I'm not sure.** Maybe 20 minutes."
（「そこまで歩いてどのくらい時間がかかりますか」「そうですね。たぶん20分くらいでしょう」）

(2) "Hello. Haven't we met before?" "**I'm not sure.** Have we?"
（「こんにちは。以前お会いしたことがありますか」「よくわかりません。会いましたっけ？」）

## 気持ちのこもった言葉をひと言添える

**I don't know. / I have no idea.**（わかりません、知りません）とも言いますが、これらも単独では使わないように。

(3) "What time do you think you'll be here?" "Well, **I don't know**. I'll call you again later."
（「何時ごろ来れそう？」「ちょっとわからないな。後でまた電話するよ」）

(4) "Do you know where the nearest post office is?" "I'm afraid **I have no idea**."
（「最寄りの郵便局がどこにあるかご存知ですか」「すみませんがわかりません」）

## Question about English 060

期待や不安などを表す言い方

# I think を使わずに未来の予想を伝えたいときは何と言いますか？

「〜（だろう）と思う」をいつも I think だけで表すのは、ワンパターンですね。次のような言い方も知っておきましょう。

(1) **I hope** it will be [it's] fine tomorrow.

（明日は晴れてほしい）

(2) **I'm afraid** it will rain tomorrow.

（明日は雨が降りそうだ）

(1) の I hope は、**好ましいこと**を予想する場合に使います。逆に (2) の I'm afraid はもともと「〜を恐れている」の意味で、**好ましくないこと**を予想する場合に使います。I'm afraid ＝ I'm sorry の意味になることもあります。

(3) "Can you come tomorrow?" "**I'm afraid** not [I can't]."

（「明日は来られるかい？」「申し訳ないが行けないんだ」）

＊ I'm afraid <u>I can't come tomorrow.</u> の下線部を not だけで表せます。

## expect・believe を使った表現

think・hope 以外の動詞を使う例も見ておきましょう。

(4) **I expect** she will [won't] come to the party.

（彼女はパーティーに来る［来ない］と思う）

＊ expect は「予想する」。よい予想にも悪い予想にも使います。

(5) **I believe** his son's name is Kenta.

（彼の息子さんの名前は確かケンタくんだ）

＊〈I believe ＝確か〜だと思う〉と覚えておくとよいでしょう。

## Question about English 061

直訳できない日本語

# 「行ってらっしゃい」を英語で何と言いますか？

　日本語の決まり文句に相当する英語のフレーズが常にあるとは限りません。「行ってらっしゃい」もその１つで、場面に応じてさまざまな表現を使い分ける必要があります。例を挙げてみましょう。

(1) "Mom! I'm leaving!" "**Bye**, honey!"

　（「お母さん！行ってきます！」「行ってらっしゃい」）

(2) "We're leaving for Hawaii tomorrow." "**Have a nice trip.**"

　（「明日ハワイへ出発するの」「行ってらっしゃい」）

　英語には定型的な表現がないので、(1) のように単に Bye! で済ますこともよくあります。その後に Have a nice day. と付け加えてもかまいません。この文の直訳は「すてきな一日を持ちなさい」です。

## Have a nice 〜. の応用

　**Have a nice [good] 〜.** というフレーズはいろんな場面に応用できるので覚えておきましょう。たとえば旅行に出かける人には、(2) のように「よいご旅行を」と言います。

(3) "See you next week. Bye." "**Have a nice weekend**."

　（「また来週ね」「お疲れ様（週末を楽しんでね）」）

　これは職場で週末（金曜日の退社時）に交わすあいさつの例です。金曜日以外の日なら Have a nice evening. と言います。それに対して「君もね」と返答するときは、**You, too.** とか **Same to you.** などと言えばＯＫです。

## Question about English 062
人称代名詞の並べ方の原則

# 「ぼくと君」はI and you ですか？それとも you and I ですか？

「ぼくと君」と英語でいう場合、**you and I** が普通の言い方です。1人称（私）・2人称（あなた）・3人称（その他）を並べるときは、**2-3-1** が原則だと覚えておきましょう。you は最初に置いて相手に敬意を表し、I は最後に置いて謙遜の気持ちを表すわけです。

(1) 君とジョンは仲がいいの？
→ Are **you and John** good friends?

(2) ぼくとジョンは仲がいいよ。
→ **John and I** are good friends.

もっとも、このルールは絶対的なものではありません。くだけた英語では、Me and my brother helped my father.（ぼくと弟はお父さんを手伝った）のように言うこともあります（このように主語の位置で me を使うこともあります）。

## I と me の使い分けにも注意

置く位置によっては I が me に変わることにも注意しておきましょう。

(3) ここだけの話だよ。
→ This is just between **you and me** [ × I].

＊前置詞（between）の後ろには目的格（me）を置きます。This is just between us. とも言えます。

(4) 教授は私とリサにこの本を読むように言った。
→ The professor told **Lisa and me** to read this book.

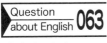

注文するときの表現

# コーヒーを注文するときは、Give me coffee. と言えばよいですか？

　コーヒーを注文するとき、Give me coffee. と言うのは、意味は通じても適切な表現ではありません。**give は「(ただで) 与える、あげる」という意味**だから、Give me coffee. だと「コーヒーをただでください」という意味になります。コーヒーを注文するには、普通は次のように言います。

(1) **I'd like** coffee, please.
(2) **I'll have** coffee, please.
(3) Coffee, please.

　これらの表現の coffee は「他の飲み物ではなくコーヒー」という意味です。このときは coffee の前には何もつけません（→180）。

　(1) の I'd [ = I would] like は I want を穏やかにした表現で、「～をいただきます」という意味です。

## 覚えておきたい I'd like を使った表現

(4) **Would you like** a refill?（お代わりはいかがですか）
(5) **I'd like** 10 of these.（これを 10 個ください）
(6) **I'd like to** open a savings account.
　　（普通預金口座を開きたいのですが）
(7) Where **would you like to** go?（どこへ行きたいですか）

　なお、「A をください」は(3) のように A, please. と表現するのが最もシンプルです。I'm coffee. と言わないように（→77）。

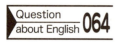

否定語の位置

# 「彼は来ないと思う」を、I don't think he will come. と表現するのはなぜですか？

次の２つの英文を比べてみましょう。

(1) 君が言っていることは正しくないと思う。

→△ (a) I think (that) what you are saying **isn't** right.

○ (b) I **don't** think (that) what you are saying is right.

(a) は日本語の直訳ですが、(b) は「君が言っていることが正しいとは私は思わない」と表現しています。両者を比べると、(b) の方が相手を刺激しない穏やかな表現です。(a) は isn't right の部分が「正しくない」と断定する響きを持つからです。

## 否定語を使うならできるだけ前に置く

(b) の表現が好まれるもう１つの理由は、英語では**否定語（not や no など）をなるべく前に置く**という決まりがあるからです。文の内容が肯定か否定かはとても大切なことなので、なるべく早くそれを相手に伝えようという心理が働くからです。

(2) 私の提案を誰も受け入れなかった。

→ **Nobody** accepted my proposal.

このように日本語では否定の言葉を文の最後に置きますが、英語では否定語を最初の方に置きます。この違いを知っておきましょう。上の文を受動態で言い換えると次のようになります。

(3) My proposal **wasn't** accepted by anybody.

（私の提案は誰にも受け入れられなかった）

＊ My proposal was accepted by nobody. は誤り。

## Question about English 065
how の意味の広がり

# How come? が「なぜ」の意味になるのはどうしてですか？

How come を「なぜ」の意味で使うのは、主にアメリカ英語の用法です。次の文で説明してみましょう。

(1) **How come** you didn't call me?
（なぜ電話してくれなかったの？）

この文はもともと、How (did it) come (about that) you didn't call me? という形に由来します。come about は happen（起こる）の意味で、直訳は「あなたが私に電話しなかったということはどのようにして起きたのか」です。it は that 以下を指す形式主語です。元がこんな形だから、疑問文なのに S (you) ＋ V (didn't call) の語順になっているわけです。

## how のさまざまな意味

(1) の how は「どのようにして」という意味ですが、how にはそのほか「**どんな具合で**」「**どの程度**」という重要な意味があります。

(2) **How**'s your family?（ご家族はお元気ですか？）

(3) **How** was your trip?（旅行はいかがでしたか？）

＊これらの how は「どんな具合で」。How are you? の how も同様。

(4) **How much** is this?（これはいくらですか？）

(5) **How long** are you going to stay in Japan?
（日本にはどのくらい滞在する予定ですか？）

＊これらの how は「どの程度」。

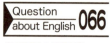

疑問詞の選択①

# 「あなたはどう思う？」の「どう」は、HowとWhatのどちらで表しますか？

「あなたはどう思う？」は **What do you think?** と言います。文法的に説明すると、what は疑問代名詞、how は疑問副詞です。

(1) <u>What</u> did <u>you</u> <u>get</u>?（何を手に入れた［もらった］の？）
　　　O　　　　S　　V

(2) <u>How</u> did <u>you</u> <u>get</u> <u>it</u>?（どうやってそれを手に入れたの？）
　　修飾語　　　S　　V　O

(1)と同じように、What do you think? は「あなたは何を思うのですか」という意味になります（what は think の目的語）。

## think の場合は what を、like の場合は how を使う

次の2つの形はよく使うので、まとめて暗記しておきましょう。

> ・**What do you think of [about] 〜?**（〜をどう思いますか）
> ・**How do you like 〜?**（〜（の感想）はいかがですか）

(3) その映画はどうだった？
　　→ (a) **What do you think of** the movie?
　　　 (b) **How do you like** the movie?

(a) と (b) の実質的な意味はほぼ同じですが、think の場合は what を、like の場合は how を使います。次の形も覚えておきましょう。

(4) この花は英語でどう［何と］言いますか？
　　→ (a) **What do you call** this flower in English?
　　　 (b) **How do you say** this flower in English?

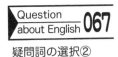

疑問詞の選択②

# What is the capital of France? の what は、なぜ where ではないのですか？

　フランスの首都はどこかと聞かれた時の答えは、It [=The capital of France] is <u>Paris</u>.（それ［フランスの首都］はパリだ）です。この Paris は名詞だから、これを尋ねるには疑問代名詞の what（何）を使います。次の対話と比べてみましょう。

(1) "**Where** did you buy that bag?" "I bought it <u>in Paris</u>."

（「そのバッグはどこで買ったの？」「パリ（で）よ」）

　この場合は、in Paris（副詞句）という答えを引き出すために疑問副詞の where（どこ）を使います。

## when と what の使い分け

　別の疑問詞についても見てみましょう。

(2) "**When** is your birthday?" "It's <u>May 10</u>."

（「君の誕生日はいつ？」「5 月 10 日よ」）

　この対話では、下線部（名詞）の答えを引き出す問いに when が使われています。だからこの when は疑問代名詞です。

　＊つまり when は代名詞の働きもできるが、where は副詞の働きしかできないということ。もし where が(2) の when と同じように代名詞として使えるのなら、<u>Where</u> is the capital of France? も正しいことになります。

(3) "**What** is the length of that bridge?" "It's <u>820 meters</u>."

（「あの橋の長さはいくらですか」「820 メートルです」）

　＊下線部は名詞だから、what（疑問代名詞）で尋ねます。

| Question about English | 068 |
|---|---|

「ここはどこですか」の表し方

# 道に迷って「ここはどこですか」と尋ねるとき、Where is here? と言えますか？

　Where is here? は間違い。なぜなら、where も here も副詞だからです。次の例で説明してみましょう。

　(1) <u>His car</u> <u>is</u> <u>in the garage</u>.（彼の車は車庫の中にあります）
　　　　 S 　　 V 　　場所（副詞句）

　このように〈**S ＋ be 動詞＋場所**〉の形で「**S は〜にある［いる］**」という意味を表します（→80）。in the garage は文法的に言うと副詞句なので、in the garage を尋ねる疑問文は次のようになります。

　(2) <u>Where</u> <u>is</u> <u>his car</u>?（彼の車はどこにありますか）
　　　 副詞 　 V 　 S

　一方、Where is here? の場合、where も here（ここに）も副詞です。つまり〈副詞＋ V ＋副詞〉という形だから、S がありません。英語の文には必ず S が必要なので、この文は誤りです。正しくは次のように言わなければなりません。

　(3) **Where am I**?（ここはどこですか）

　Where am I? は「私はどこにいますか」という意味で、I が S（主語）になっています。連れと一緒にいるときは Where are we?（私たちはどこにいますか）と尋ねればＯＫです。同様に、たとえば混雑した電車やエレベーターから降りたいとき、自分１人なら Excuse me.（ちょっと失礼します）（→54）、連れと一緒なら **Excuse us.** と言います。これも覚えておきましょう。

## Question about English 069

疑問詞＋do you think

## 「あの男の人は誰だと思う？」を英語で何と言いますか？

**Who do you think that man is?** で「あの男の人は誰だと思う？」という意味になります。このような形は会話でもよく使うので、作り方を正しく知っておきましょう。上の文は次のようにして作ることができます。

(1) Who is that man?（あの男の人は誰ですか）

この文を、Do you think ☐ ?（～と思いますか）の ☐ のところに置いてやると、次のようになります。

・Do you think [who is that man]?

このように疑問文（Who is that man?）がより大きな文の一部になった形を**間接疑問**と言います。間接疑問の中では**〈S＋V〉の語順**が使われるので、is と that man の語順が入れ替わります。

・Do you think [ who that man is ]?

そして上のように who が文の最初に移動すると、Who do you think that man is? という文ができます。who が文の最初に移動するのは、この質問の中心が「（あの男の人は）誰か」ということだからです（答えの文は I think he is Tom's friend. のようになります）。

次の文と比べてみましょう。

(2) Do you know **who** that man is?

（あの男の人が誰だか知っていますか）

この文は「知っているかどうか」を尋ねており、一番聞きたいことは「誰か」ではありません。だから who は前に移動しません。

## Question about English 070
返答に使う代名詞

# Is this 〜 ? (これは〜ですか) という問いに、Yes, this is. と答えてもよいですか？

**this や that を使った文には it を使って答える**のが原則です。

(1)「これはあなたのバッグですか」「はい、そうです」

→ "Is this your bag?" "Yes, **it** [ × this] is."

ただし、次のような対話はありえます。

(2)「君が手に持っているそれは何？」「これは消しゴムだよ」

→ "What's **that** in your hand?" "**This** is an eraser."

質問の文では「自分から遠くにある（相手の近くにある）もの」を that で表しています。逆に返答の文では「自分の近くにあるもの」を this で表しています。このケースでは It's an eraser. の代わりに This is an eraser. と言うこともできます。

## 同じ名詞の反復を避ける one

**前に出てきた名詞の繰り返しを避けるための one** についても見ておきましょう。

(3)「辞書を持っている？」「うん、（1冊）持っているよ」

→ "Do you have any dictionaries?" "Yes, I have **one**."

＊ one = a dictionary

(4)「リンゴは好き？」「うん、好きだよ」

→ "Do you like apples?" "Yes, I like **them** [ × ones]."

＊ ones は前に形容詞がないと使えません。たとえば red apples（赤いリンゴ）を red ones と言い換えることは可能です。

## 3
### 「英文法」についての疑問
# 雪が降り出したのを見て It's snow. と言えますか？

この章では、皆さんが文法学習の中で疑問に思う（かもしれない）ことに、1つ1つ答えていきます。学校の文法学習では丸暗記が中心ですが、「なぜ？」という理屈を理解することで学習効果もモチベーションも高まります。この章の説明を、正しい英文を組み立てる力の向上に役立ててください。

## Question about English 071
### 文法学習の意味

# そもそも英文法は何のために勉強するのですか？

外国人力士が日本語をペラペラ話すのを見てもわかるとおり、ある場所で一定期間暮らせば誰でも現地の言葉が使えるようになります。生活自体が十分な学習時間を提供してくれるからです。

しかし日本人が英語を勉強する場合、圧倒的に学習時間が足りません。だから効率的に学ぶ必要があります。そのための手段が文法です。

## 文法の知識が大切な理由

(1) 君の好きな食べ物は何？
　　→ × What is your like food?

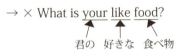
　　　　　　君の　好きな　食べ物

日本語との対応だけを見ると、この英文は正しく思えるかもしれません。でもネイティブは、これが間違いだと直感的にわかります。そうした**ネイティブの「直感」を、誰にでもわかる言葉で説明する**のが文法の目的です。(1)の英文が間違いであることは「名詞の前には形容詞を置く」という文法のルールによって説明できます。like food は「動詞＋名詞」だから誤り。like を形容詞の favorite（大好きな）に置き換えて、What is your favorite food? とすれば正しい文になります。

このように、初めて目にする文を間違いだと判断できる力、逆に言えば**正しい形の文を無限に生み出せる力**をつけることが、文法学習の目的なのです。

## Question about English 072

主語(S)と動詞(V)

# 「僕は君を愛している」を I you love. と言わないのはなぜですか？

日本語と英語の大きな違いの1つは、単語を並べる順番です。

ぼくは 愛する 君を

「〜は」に当たる言葉が主語、「〜する」や「〜だ」に当たる言葉が動詞です。日本語では、たとえば「きのう髪を切った」「来週出張で九州へ行きます」のように動詞を最後に置きます。また、これらの文には主語（「私は」）が省略されています。一方英語は、**「主語（S）＋動詞（V）」で文を始める**のが基本です。

```
日本語：(主語＋) … ＋動詞
英語：主語（S）＋動詞（V）＋ …
```

## 「主語＝〜は」とは限らない

1つ例を挙げてみましょう。

(1) 近ごろは毎日9時まで残業だよ。
　→ I work until 9 every day these days.
　　 S  V  　　　※ S=subject（主語）、V = verb（動詞）

このように英語では、まず〈S＋V〉を最初に置いて、それ以外の要素は動詞の後ろに並べます。I を主語にするのがポイントです。

## Question about English 073
自動詞と他動詞

# Do you like soccer? という問いに、Yes, I like. と答えることはできますか?

　できません。Do you like soccer? と聞かれたら、Yes, I like. ではなく Yes, I do. と答えましょう。

　Yes, I like. と言えないのは、like が「〜を好む」という意味だからです。I like（私は〜を好む）の後ろには、必ず「〜を好む」の対象となるもの（目的語）を置きます。だから次の文はＯＫです。

(1) "Do you like soccer?" "Yes, I <u>like it</u>."
　（「サッカーを好みますか」「はい、私はそれを好みます」）

　ただし、これだと like を繰り返すことになるので、下線部を do で置き換えて答えるのが普通です。この do を**代動詞**と言います。

　そして、like のように後ろに目的語を必要とする動詞を**他動詞**、必要としない動詞を**自動詞**と言います。

## do の２つの使い方

(2) "Do you drive?" "Yes, I <u>do</u> [drive]."
　（「車を運転しますか」「はい、します」）

　drive は自動詞で、I drive.（私は車を運転する）だけでも文が成り立ちます。だから Yes, I drive. と答えることもできますが、繰り返しを避けるために代動詞の do を使うのが普通です。

(3)「仕事は終わったの？」「今やってるよ」
　→ "Have you finished the job?" "I'm doing <u>it</u> now."

　答えの文の do は「〜をする」という意味の他動詞だから、目的語（it）が必要です。この it を落としやすいので注意しましょう。

| Question about English | 074 |
|---|---|

動詞の後ろに置く形

# 英語の基本形を理解するためのポイントは何ですか？

英文の基本構造は〈S＋V＋X〉です。よく使う文の形をいくつか見ておきましょう（以下、「名詞」には代名詞も含みます）。

(1) I **like** music. 〈**S＋V＋名詞**〉

（私は音楽が好きです）＊第3文型（SVO）

(2) My name **is** Ken. 〈**S＋V[be動詞]＋名詞/形容詞**〉

（私の名前はケンです）＊第2文型（SVC）

(3) You **look** tired. 〈**S＋V＋形容詞**〉

（疲れているみたいだよ）＊第2文型（SVC）

(4) I **live** in Tokyo. 〈**S＋V＋前置詞＋名詞**〉

（私は東京に住んでいます）＊第1文型（SV）

(5) I'll **give** you this. 〈**S＋V＋名詞［人］＋名詞［物］**〉

（これを君にあげる）＊第4文型（SVOO）

(6) who **left** the door open? 〈**S＋V＋名詞＋形容詞**〉

（ドアを開けっ放しにしたのは誰？）＊第5文型（SVOC）

灰色の部分に着目してください。〈S＋V〉の後ろにどんな形を置けるかは、V（動詞）ごとに違っています。それをグループ分けして覚える1つの方法が5文型です。たとえばgiveは基本的に(5)の形で使い、同じグループの動詞にはlend、send、show、tellなどがあります。**(1)の〈S＋V＋名詞〉の形の文が最も多い**ことも知っておきましょう。

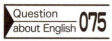

群動詞

# listen to (〜を聞く)は1つの動詞ですか？

　I listen to jazz.（私はジャズを聞く）という文の構造をどう考えればいいかという質問が、学校で5文型を学んだ学習者からよく出ます。これには次の2通りの考え方があります。

　(a) I listened to jazz.　／　(b) I listened to jazz.
　　 S　V 　修飾語 　　　　　　S　 V 　　O

　(a) は第1文型（SV）と考える立場、(b) は第3文型（SVO）と考える立場。どちらの立場にもそれなりの根拠があります。

　listen（聞く、耳を傾ける）という動詞は、Listen!（聞きなさい）のように単独で使うこともできます。つまり（目的語を必要としない）自動詞です。そう考えると (a) の to jazz は修飾語です。

## 〈動詞＋α〉が1つの他動詞と同等の働きをする場合

　一方、次のような使い方もあります。

　(1) This album should be listened to.
　　（このアルバムを聞くべきだ）
　＊ You should listen to this album. と言い換えられます。

　この文では、listen to が「〜を聞く」という1つの他動詞として使われています。それと同様に考えれば (b) のようになります。(b) の listen to のように〈動詞＋α〉の形が1つの動詞と同等の働きをしているものを、**群動詞**と言います。take care of 〜（〜の世話をする）なども群動詞の1つです。

## Question about English 076
動詞の活用形

# eat-ate-eaten のように「動詞の原形−過去形−過去分詞」をセットで暗記するのはなぜですか？

「動詞の原形−過去形−過去分詞」は、丸暗記してしまうのが一番効率的です。

日本語の動詞も、「行く−行か（ない）−行き（ます）…」のように形が変わります。これを**活用**と言います。

これと同じように、英語の動詞にも活用形があります。たとえば eating は eat の活用形の一種です。この活用形は〈原形＋ -ing〉という単純なルールをすべての動詞に適用できます。

## 覚えるしかない「不規則動詞」

一方、eat（原形）− ate（過去形）− eaten（過去分詞）のような活用形は動詞ごとに違うので、個別に覚えるしかありません。これらの活用は、動詞によって2つのタイプに分かれます。

|  | 原形 | 過去形 | 過去分詞 |
|---|---|---|---|
| 規則動詞 | look | looked | looked |
| 不規則動詞 | eat | ate | eaten |

look のように原形の後ろに -(e)d を加えて過去形・過去分詞を作る動詞を**規則動詞**、eat のようにそれ以外の活用形を持つ動詞を**不規則動詞**と言います。学校で「丸暗記しなさい」と教えるのは、不規則動詞の活用です。不規則動詞は中学〜高校初級レベルでは数十個、全部合わせてもせいぜい100個くらいなので、必ず全部覚えるようにしましょう。

## Question about English 077
### be動詞の使い方①

# 「僕はビール」と注文するとき、I'm beer. と言えますか？

　居酒屋で「僕はビールね」と注文するとき、**I'm beer. と言うのは間違い**。I'll have beer. などを使いましょう（→63）。

　中1で学習するbe動詞（is、am、are）は、〈S（主語）＋be動詞＋C〉. の形で「SはCです」という意味を表します。C（補語）は名詞・形容詞で、Xが名詞のときは〈S＝C〉の関係になります。

(1) I am <u>a student</u>.（私は学生です）

(2) Mr. Tanaka is <u>my boss</u>.（田中氏は私の上司です）

　これらの文では、「私＝学生」「田中氏＝私の上司」です。同じように I'm beer. だと「私＝ビール」という関係になります。しかし「私（という人間）」と「ビール（という飲み物）」はイコールではないので、I'm beer. は間違いです。

## 「僕の夢はパイロットだ」を英語にすると…

(3) 私の仕事はセールスマンです。

　→ ✕ (a) **<u>My job</u>** is a salesman. ／ ◯ (b) **I'm** a salesman.

「仕事」はもの、「セールスマン」は人だから、イコールの関係ではありません。「私はセールスマンです」と表現します。

(4) ぼくの夢はパイロットだ。

　→ My dream is **<u>to become a pilot</u>**.

「夢」は抽象的なもの、「パイロット」は職業だから、「ぼくの夢は<u>パイロットになることだ</u>」と表現します。

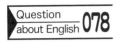

be動詞の
使い方②

# 「私は健康です」を I'm health. と言えますか？

　言えません。「私は健康です」の正しい英訳は **I'm healthy.** です。

　前項で説明したとおり、〈S + be動詞 + C［名詞］〉の形では、〈S = C〉という関係が成り立ちます。health は「健康（な状態）」という抽象的な意味だから、I = health とは言えません。同様に「私は幸福です」は I'm happy [× happiness]. です。

　healthy や happy は形容詞です。〈**S + be動詞 + C［形容詞］**〉の基本的な意味は、「**S は C の状態だ**」です。

　(1) I'm busy now.（私は今忙しい（状態だ））
　　　　形容詞

## SとCの基本的な関係

　be動詞の基本的な使い方は次のように表せます。

> **S + be動詞 + C［名詞］→ S = C だ**
> **S + be動詞 + C［形容詞］→ S は C の状態だ**

　(2) I'm studying now.（私は今勉強している（状態だ））
　　　　形容詞

〈be動詞 + -ing〉の形は、一般には「進行形」と言います（→86）。しかし(2)の studying は、「勉強している」という意味の形容詞と考えてもかまいません。そう考えると、I'm busy. と I'm studying. の組み立て方は同じだということになります。

## Question about English 079

be 動詞の使い方③

# 「私は 170cm です」を I'm 170 centimeters. と言えますか？

「私は 170cm です」は、I'm 170 centimeters. でも状況によっては通じますが、次の形を覚えておきましょう。

(1) I'm 170 centimeters **tall**.（私は 170cm の身長です）

　＊ My height is 170 centimeters. とも言います（height＝身長）。

この文の tall は「背が高い［長身だ］」という意味ではなく、「〜の背の高さだ」という意味を表します。high、large、long、old なども同じような使い方ができます。

(2) My son is eight years **old**.（私の息子は 8 歳です）

　＊ My son is eight. とも言います。

(3) How **high** is that building?

（あのビルはどのくらいの高さですか）

(1) (2) のような〈**数字＋形容詞**〉の形を使いこなせるようになると、表現の幅が広がります。

(4) I was 15 minutes **late** for the appointment.

（私は約束の時間に 15 分遅れた）

(5) This string is 5 centimeters **short**.

（このひもは 5 センチ短い）

なお、体重については次のように言うことができます。

(6) My **weight** is 58 kilograms. ＝ I **weigh** 58 kilograms.

（私の体重は 58 キロです）　＊ weigh ＝〜の重さがある

## Question about English 080

be動詞の2つの意味

# 「誕生日は5月です」をMy birthday is May. と言えますか？

「私の誕生日は5月です」を My birthday is May. と英訳することはできません。

birthday は day（日）の一種、May は月の名前だから、等号（イコール）の働きをする be 動詞で結びつけることはできないからです。正しくは次のように言います。

(1) 私の誕生日は5月です。

→ <u>My birthday</u> <u>is</u> <u>in May</u>.
　　　S　　　　V　　場所

この文は「私の誕生日は5月の中にある」という意味で、誕生日がカレンダー上の特定の場所に位置していると考えればOK。〈S＋be動詞＋場所〉の形は「**Sは～（の場所）にある**」という意味を表します。〈場所〉は前置詞で始まる語句をよく使います。

## 「Sは～にある」の意味を表すさまざまな表現

(2) This phrase is <u>in a play of Shakespeare's</u>.
　　（この句はシェイクスピアの戯曲の1つの中にある）
　＊下線部は文法的には修飾語（副詞句）で、この文の構造はSV（第1文型）です。（→74）

(3) "Where is the parking space?" "It's <u>at the back of this building</u>."
　　（「駐車場はどこにありますか」「このビルの裏です」）

〈S＋be動詞＋C〉の be 動詞は「～です」の意味ですが、(1)～(3) の be 動詞は「～がある」という意味を表します。

## Question about English 081
### 名詞と冠詞の関係

# 「彼女は美人だ」をShe is beauty. と言えますか？

「美人＝beauty」だから、「彼女は美人だ」はShe is beauty. と言ってもよさそうですが、正しい英訳は**She is a beauty.** です。

この種の間違いは日本人によく見られます。「美人」は1人、2人と数えられるから可算名詞です。一方、water（水）などは数えられないから不可算名詞です（→33）。2種類の名詞と冠詞（a/an、the）の関係は次のようになります。

|  | 単数形 | | 複数形 | |
| --- | --- | --- | --- | --- |
|  | 不特定 | 特定 | 不特定 | 特定 |
| 可算名詞 | **a dog** | **the dog** | dogs | the dogs |
| 不可算名詞 | water | the water | × | × |

the は「その」という意味だから、the dog は「その（特定の）犬」。一方 a dog は「（不特定の）1匹の犬」です。不可算名詞は複数形にはできないから、waters とは言いません。

## 単数形の可算名詞の前には a か the が必要

上の表の太字の2つに注目。dog に a または the がついていますね。つまり、**単数形の可算名詞の前には、必ず a や the（またはthis、my など）を置きます**（→176）。beauty も可算名詞だから、She is beauty. とは言えません。She is a beauty.（彼女は（1人の）美人です）が正しい表現です。また、She is beautiful.（彼女は美しい）とも言えます。

| Question about English | 082 |

do の
3つの働き

# You love me. を疑問文にした Do you love me? の Do は、どこから出てきたのですか？

do には次の3つの使い方があります。

(1) "**Do** you **do** washing every day?" "Yes, I **do**."
　　　①　　　②　　　　　　　　　　　　　　③

　（「あなたは毎日洗濯をしますか」「ええ」）

②の do は「する」という意味の動詞です。③の do は、do washing (every day) というフレーズの繰り返しを避けるために1語の do で代用したもの（→73）。一方、①の do には「する」という意味はないから動詞ではありません。この do（文法的には助動詞）は、疑問文を作るための単なる記号に近いものです。

(2) He is an actor.（彼は俳優だ）→ Is he an actor?

(3) He smoke.（彼はたばこをすう）→ Does he smoke?

be 動詞を使った文を疑問文にすると、(2) のように SV → VS の語順になります。しかし(3)では、Smoke he? とはなりません。その1つの理由は、英語の文は**軽い [情報量が少ない] 言葉で始める**のが原則だからです。be 動詞はいわばイコールの記号であり、意味が軽いので、文頭に置いても違和感がありません。一方、(3) の smoke のように重要な情報を持つ語を文頭に置くとバランスが悪く感じられ、「弱ー強」という英語の基本的なリズムにも合わなくなります（→23）。(1) ①で do を使う背景には、そういう理由があります。

## Question about English 083
### 文の種類

# 命令文はいつでも「〜しなさい」という意味ですか？

　動詞の原形で始まる文を、**命令文**と言います。たとえば Stand up. は「立ちなさい」という命令の意味を表します。ただし、命令文という言葉は文を分類するための名前の1つにすぎません。実際には**「〜しなさい」の意味ではない命令文**もたくさんあります。

　(1) "Can I ask you some questions?" "Sure. **Go ahead**."
　（「いくつか質問してもいいですか」「ええ。どうぞ」）

　Go ahead. のもとの意味は「先へ進みなさい」ですが、「遠慮なくどうぞ」と相手に促す場合に使う表現です。

## 「私に〜させてください」は Let me 〜.

　(2) **Let me** introduce myself.（自己紹介させてください）
　(3) **Let me** have a look at it.（ちょっとそれを見せてよ）

　〈**let + O +動詞の原形**〉は「Oに〜させる」という意味で、Let me 〜. は形は命令文ですが、「私に〜させてください」と相手に頼む言い方。また Let's 〜（〜しよう）は Let us 〜 の短縮形で、もとの意味は「私たちに〜させなさい」です。

　(4) **Let's** go and have a drink.（一杯やりに行こう）

　**Let me [Let's] see**…（ええと…）という言い方がありますが、これも「私（たち）に確かめさせてください」がもとの意味です。

　ちなみに命令文以外の主な文の形としては、**平叙文**と**疑問文**があります。平叙文は〈S + V〉の形で始まる文のことで、内容に応じて**肯定文**と**否定文**に分けられます。

**Question about English 084**

現在進行形の本質的な意味

# 雨が降ってきたのを見て「雨だ！」と言う場合、Rain! と言えますか？

　Rain! と言っても意味は通じますが、中学で習う**現在進行形**を使って **It's raining!**（雨が降っている！）と言う方が普通です。

　現在進行形は、〈**is/am/are ＋ -ing**［現在分詞］〉の形で「**今～しているところだ**」という意味を表す形です。

## raining と rainy のニュアンスの違いは？

　次の２つの文の意味の違いを考えましょう。

　(a) It's raining. / (b) It's rainy.
　　　現在進行形　　　　　　形容詞

　これらはどちらも「雨が降っている」という意味ですが、(a) は rain（雨が降る）という動詞を現在進行形で使うことで「rain という出来事が今まさに進行している」という意味を表しています。だから It's raining now. のように **now**（今）を加えて言うのが普通です。

　一方 (b) の rainy は「雨降りの状態」だということ。(a) よりも静的な表現です。(a) はテレビで雨が降っている画面を見ているような感覚、(b) は雨を描いた絵画を眺めているような感覚と言ってもよいでしょう。It's rainy now. と言うこともできますが、その場合は「今は（一時的に）雨が降っている。これから天気が変わるかもしれない」というニュアンスになります。

　繰り返しますが、現在進行形は「**出来事が今まさに進行している最中だ**」という意味を表すことを覚えておきましょう。

3 英文法

## Question about English 085

動作動詞と状態動詞

# 「私は〜を知っている」を I'm knowing 〜と言わないのはなぜですか？

まず、動詞には次の2種類があることを確認しておきます。
- **動作動詞**＝動作や出来事を表す動詞
- **状態動詞**＝状態を表す動詞

たとえば come（来る）や die（死ぬ）は動作動詞、be 動詞や know（知っている）は状態動詞です。区別の目安としては、「**〜しているところ［最中］だ**」という意味を表せる動詞は**動作動詞**だと考えてかまいません。そして、次のことが言えます。

> **動作動詞は進行形にできる。状態動詞は進行形にできない。**

(1) That plant **is dying**.（その植物は死に［枯れ］かけている）
(2) I **know** [× am knowing] the name of that plant.
（私はその植物の名前を知っています）

なお、動作動詞は「動作」を表すとは限りません。たとえば die を動作とは言えませんが、「死んでいる最中だ」と言うことはできるから、die は動作動詞です。したがって(1)のように進行形にできます。しかし「知っている最中だ」は意味的に不自然なので、know は状態動詞です。だから進行形にはできません。**own**（所有している）や **belong to**（〜に所属している）なども状態動詞ですから、I'm owning 〜（私は〜を所有している）とか I'm belonging to 〜（私は〜に所属している）のようには言えません。

## Question about English 086

現在形と現在進行形

## 「私はアルバイトをしている」は、I work part-time. ですか？ I'm working part-time. ですか？

I work part-time. も I'm working part-time. も「私はアルバイトをしている」という意味ですが、ニュアンスの違いがあります。

(1) (a) I **work** part-time. / (b) I**'m working** part-time.

work のような**動作動詞**（→85）**の現在形**は、**現在の習慣**を表すのが基本です。だから (a) は「私は習慣的にパート［アルバイト］で働いている→私の職業はアルバイトだ」という意味です。一方現在進行形は、「始まりと終わりがある一連の動作の途中だ」という意味を表します。そこから (b) は「私は一時的にアルバイトをしているところだ」というニュアンスになります。だから「将来は正社員になりたい」という気持ちがあれば (b) を使う方が自然です。

## stand と is standing の使い分け

次の２つの文も見ておきましょう。

(2) He **is standing** [**stands**] by the gate.
　（彼は門のそばに立っている［立つ］）

(3) The hotel **stands** [ × is standing] on the hill.
　（そのホテルは丘の上に立っている）

(2)の stand は動作動詞で、「彼は（一時的に）立っているところだ」の意味なら現在進行形を使います。一方、「彼」が守衛の仕事をしていて習慣的に門のそばに立つのなら現在形を使います。しかし(3)では、ホテルが「一時的に立っている」ことはありえず、stand は状態動詞です。だから現在進行形は使えません。

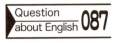
時制の基本

# お店で「これを買います」を I buy this. と言えますか?

　言えません。「これを買います」は、正しくは **I'll buy this.** と言います（I'll = I will）。I buy this. だと「私は習慣的にこれを買う」という意味になります。

　ここでは「時制」の基本を確認しましょう。**時制とは、時間を表す動詞の形のこと**です。時間の主な区分は、過去・現在・未来です。現在のことを表すには現在時制［＝現在形］を、過去のことを表すには過去時制［＝過去形］を使います。

(1) I bought this yesterday.（きのうこれを買った）
　　　過去形

## 「〜します」はどんな形で表すか?

　では、次の2つの日本語の下線部の意味を比べてみましょう。

(2) 私はいつもここに来ます。《今（習慣的に）行っていること》
　→ I always **come** here.

(3) 私は明日ここに来ます。《これから行うこと》
　→ I'**ll come** here tomorrow.

「来ます」という日本語は、(2)では現在のことを、(3)では未来のことを表しています。その違いを動詞（come）の形、つまり時制で表すわけです。学校英語ではしばしば(1)の come を「現在形」、(2)の will come を「未来形」と言います。

**Question about English 088**

未来を表す表現

# will と be going to は同じ意味ですか？

 形が違えば、意味やニュアンスも違うのが当然であり、will と be going to にももちろん違いはあります。両者の違いは、今では中学の教科書にも載っています。次のように覚えておきましょう。

> ・その場で決めたことは will で表す。
> ・前から決まっている予定は be going to で表す。

(1) 私たちは明日パーティーを開きます。
　→ × (a) We'll have a party tomorrow.
　　○ (b) We're **going to have** a party tomorrow.
　　○ (c) We're **having** a party tomorrow.

このような場合、will は使えません。パーティーを開くのは既に決まっている予定であり、その場で決めたことではないからです。なお、(c) のように現在進行形で予定を表すこともできます。

## will は「意志」、be going to は「予定」

 次のように覚えておきましょう。

> ・I [We] will …＝私（たち）は…するつもりだ《意志》
> ・I'm [We're] going to …＝私（たち）は…する予定だ《予定》

 つまり will は（現時点での）自分の判断を表し、be going to は「事態がその方向に進んでいる」という意味を表すと考えることができます。

## Question about English 089
### 主語と will の意味

# He will come. の意味は「彼は来るだろう」ですか？「彼は来るつもりだ」ですか？

**He will ～ は「彼は～するだろう」という意味でしか使えません。**

(1) 彼はパーティーに来るつもり［予定］です。
　→ × (a) He will come to the party.
　　 ○ (b) He **is going to** come to the party.

will はもともと「意志」を表す動詞でした。だから I will ～は「私は～するつもりだ」の意味で使うのが基本です。また Will you ～？は「あなたは～するつもりですか」から転じて「～してくれませんか」（依頼）の意味でも使います。

一方 He will ～の場合は、「彼」の意志は本人でなければわからないから、「彼は～する（つもり）だろうと私は思う」（推量）という意味になるのです。

(2) He **will** [**must/may**] be working now.
（彼は今仕事をしているだろう［に違いない／かもしれない］）

まとめると、次のようになります。

| 主語 | will ＝～するつもりだ | will ＝～だろう |
|---|---|---|
| 1人称 (I, we) | ○ | ○ |
| 2人称 (you) | ○（疑問文で） | ○ |
| 3人称 (he など) | × | ○ |

## Question about English 090

must と have to

# must と have to が同じ意味なら、どちらか一方だけを使えばよいですか？

　日本人が英語を使うという観点から言えば、「～しなければならない」の意味では、**もっぱら have to を使ってかまいません**。なぜなら、have to の方が使用範囲が広いからです。

　⑴ I **have to** [**must**] work overtime today.
　　（今日は残業しなければならない）
　⑵ I **had to** work overtime yesterday.
　　（きのうは残業しなければならなかった）
　⑶ I'll **have to** work overtime tomorrow.
　　（明日は残業しなければならないだろう）

⑴では must も have to も使えますが、⑵⑶ では have to しか使えません。それなら have to だけ使えればいい、という話です。

　＊厳密には have to と must の意味には多少の違いがありますが、たいていは無視してかまいません。

## 「～に違いない」の意味の must [have to]

　must と have to には「～に違いない」の意味もあります。
　⑷ The rumor **must** [**has to**] be true.
　　（そのうわさは本当に違いない）

have to のこの使い方はもともとアメリカ英語でしたが、今ではイギリス英語でも使われます。ただ、日本人は学校で習ったとおり、**「～に違いない」の意味では must を使う方が無難**かもしれません。

## Question about English 091
推量を表す助動詞

# He must come. の意味は「彼は来なければならない」ですか？「彼は来るに違いない」ですか？

He must come. は「彼は来なければならない」という意味であり、「彼は来るに違いない」という解釈は誤りです。

> 「(未来に) 〜するに違いない」の意味で must を使うことはできない。

これから起こることに対して「〜するに違いない」と言うときは、be sure to などを使います。

(1) He **is sure to** come.（彼はきっと来るに違いない）

## He may come. は「来てもよい」？「来るかもしれない」？

一方、may は「(未来に) 〜するかもしれない」の意味で使うことができます。

(2) He **may** come.
 (①彼は来てもよい／②彼は来るかもしれない)

②の意味であることを明らかにするには、He **might** come. と言えばＯＫ。might は「〜かもしれない」の意味で使うのが普通です (→ 92 )。

参考までに、**seem**（〜に思われる）の使い方も見ておきます。

(3) 彼は引っ越すらしい。
  → × (a) He seems to move.
   ○ (b) He seems **to be moving** [**to be going to move**].

＊〈seem to do〉は「(未来に) 〜するらしい」の意味では使えません。

## Question about English 092
助動詞の過去形

# I could get a ticket. は「チケットを手に入れることができた」という意味ですか？

I could get a ticket. は「チケットを手に入れることが<u>できるかもしれない</u>」という意味です。**could は「過去に（1回限りの行為が）〜できた」という意味では使えません**。

＊ただし I couldn't get a ticket.（チケットが手に入らなかった）はOK。

「（過去に）〜できた」は、次のように表現します。

(1) チケットを手に入れることができた。
  → (a) I **was able to** get a ticket.
  　(b) I **managed to** get a ticket.

次のように覚えておくとよいでしょう。

> 助動詞の過去形は、主に「現在のこと」を控えめに表現するのに使う。

## 控えめな気持ちを表す might・would

(2) The rumor **might** [may] be true.
  （そのうわさは本当かもしれない）
  ＊might を使う方が控えめな言い方。

(3) I **would** say it'll cost too much.
  （それはお金がかかりすぎると思います）
  ＊I would say は I think の控えめな言い方。

これらの助動詞の過去形（仮定法過去に由来する）は、「過去のこと」を表しているのではない点に注意しましょう。（→ 112 ）

## Question about English 093
原形の代用としての現在形

# 「明日雨が降ったら」を、**If it rains tomorrow** と現在形で表すのはなぜですか？

次の文で考えてみましょう。

(1) If it <u>rains</u> tomorrow, the game will be canceled.
（もし明日雨が降ったら、試合は中止されるだろう）

下線部を will rain にしないのは、「雨が降るだろう」という意味ではないからです。89で説明したとおり、「3人称の主語＋ will」は「〜だろう（と私は思う）」という話し手の推量を表します。しかしこの文の話し手は「明日雨が降るだろう」と考えてはいません。

## when の後ろでも現在形を使う

次の文も同じです。

(2) Let's start when he **comes** [ × will come].
（彼が来たら［来たとき］出発しましょう）

この文でも、話し手は「彼は来るだろう」と推測していません。(1)の「雨が降る」や(2)の「来る」は話し手が頭の中で想像していることであり、過去・現在・未来という時間の流れとは無関係です。だから本来なら、**どの時制も適用せずに動詞の原形を使いたい**ところです。それを**現在形で代用した**のが(1)や(2)の形です。もう1つ例を見ておきます。

(3) It doesn't matter to me which team **wins** [ × will win].
（どちらのチームが勝っても私にはどうでもいい）

＊「勝つだろう」(推量)という意味ではないから will は使えません。

## Question about English 094
現在完了形と過去形の違い

## 「かぜをひいた」の英訳は、I caught a cold. ですか？ I have caught a cold. ですか？

今もかぜが治っていないのなら、**I have [I've] caught a cold. と言うのが適切です。**

ここでは、中3で学習する**現在完了形（have[has] ＋過去分詞）**の意味を確認します。

(1) (a) I **caught** a cold last week.
(先週かぜをひいた)《過去形》

(b) I**'ve caught** a cold for a week.
(1週間かぜをひいている)《現在完了形》

(a) は「かぜをひいた」という過去の事実を述べているだけで、現在のことは語っていません（もう治っているかもしれないし、まだ治っていないかもしれません）。一方 (b) は、「過去にかぜをひいて、その影響が残っている」、つまり「今もかぜをひいたままだ」という意味を表します。have（〜を今持っている）＋ caught（過去分詞＝完了したこと）と考えればよいでしょう。

## He lost his job. と He has lost his job. の違い

次の例も同様です。

(2) (a) He lost his job. (彼は失業した)
(b) He has lost his job. (彼は失業して今は無職だ)

(a) は単なる過去の事実を語っています。一方 (b) では、現在完了形（has lost）が、「失った」という**過去に完了した事実の影響が現在まで残っている**ことを表します。

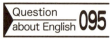

現在完了形の代わりに使う過去形

# Have you finished your homework?（宿題は終わったの？）の代わりに Did you finish〜？と言えますか？

　言えます。特にアメリカ英語では、**現在完了形の代わりに過去形を使う**ことがよくあります。

(1) もうホテルの部屋を予約したの？

→ (a) Have you already reserved a hotel room?

(b) **Did you already reserve** a hotel room?

## 未来完了形の代わりに使う形

　似たケースとして、次の例も見ておきます。

(2) 君が来る前に仕事を終えておくよ。

→ (a) I'll have finished my work before you come.

(b) I'**ll finish** my work before you come.

(a) のような形（will have ＋過去分詞）を「未来完了形」と言います。「未来の［君が来る］時点までに完了しているはずのこと」を表す言い方です。この場合も (b) のように「君が来る前に仕事を終えるつもりだ」と言い換えることができます。未来完了形は高校の文法で学習しますが、形が複雑なので実際には (b) のようにシンプルな形で表現する方が普通です。

* (b) の before が when なら、I'll have finished my work when you come.（君が来るときには仕事を終えているだろう）とします。下線部が finish だと「君が来る（その）ときに終える」という不自然な意味になるからです。

## Question about English 096

経験を表す現在完了形

# 「この映画は前に一度見た」を I saw this movie once before. と言えますか？

まず、次の2つの文を見てみましょう。

(1) (a) I <u>saw</u> this movie once before.（この映画は前に一度見た）

　(b) I'<u>ve seen</u> this movie once before.

（この映画は前に一度見たことがある）

この場合は、どちらを使ってもかまいません。日本語からもわかるとおり、実質的な意味は変わらないからです。このように、**経験を表す現在完了形はしばしば過去形で代用できます。**

## I went to China. と I've been to China. の違い

次の文はどうでしょうか。

(2) (a) I went to China.（中国へ行った）

　(b) I've [=I have] been to China.（中国へ行ったことがある）

ネイティブが (a) を見たら、「不自然な文だ」と言うでしょう。went（過去形）は「過去のある時点で行った」という意味だから、「行ったのはいつなの？」と質問したくなってしまいます。つまり **(a) は、情報が少なすぎる**わけです。I went to China <u>when I was a child</u>.（子どもの頃に中国に行った）のように「いつのことか」をはっきり言う方が自然な英文になります。一方 (b) は「中国へ行ったという経験を<u>今持っている</u>」という意味だから、これで十分な情報量があることになります。

## Question about English 097
since と for の選択

# 「1週間前から(ずっと)」を since a week ago と 言えますか?

文法的には間違っていませんが、**since 〜 ago の形は避ける方がよいでしょう**。

(1) 1週間前からかぜをひいています。
 → △ (a) I've had a cold <u>since a week ago</u>.
   ○ (b) I've had a cold **for a week**.

(b) のように「1週間ずっとかぜをひいている」と表現する方がシンプルで普通の言い方です。(b) の意味は、「私は〜を持っている (I have) + 1週間かぜをひいているという(完了した)事実 (had a cold for a week)」と考えることができます。現在完了形の基本的な意味は「完了した事実(=完了形)を今持っている(= have)」です。

なお、話し言葉では have は短縮形を使って I've had のように表現します。(b) のアクセントの位置は、I've had a cóld for a wéek. です。自分が作った文は実際に口に出してみて、発音のしかたを確認するようにしましょう。

## Since when 〜 ? より How long 〜 ? を使う

関連する例をもう1つ見ておきます。

(2) 君はいつからここに住んでいるの?
 → △ (a) <u>Since when</u> have you lived here?
   ○ (b) **How long** have you lived here?

「いつ以来」は since when とも表現できますが、(b) のように how long (どのくらい長く) を使う方が普通です。

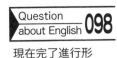

# 「(前から)ずっと働き続けている」の英訳は、I've worked と I've been working のどちらを使うべきですか？

〈動作の継続〉は、現在完了進行形 (have[has] + been + 〜ing) で表すのが基本です。

(1) (a) I**'ve been working** for this company for 3 years.
（この会社に勤めて3年になります）

ただし一部の動詞（live、study、wait、work など）では、現在完了進行形の代わりに現在完了形を使うこともできます。だから上の文は次のように言ってもかまいません。

(1) (b) I**'ve worked** for this company for 3 years.

ただし、ネイティブの中には「(a) と (b) は意味が違う」と感じる人もいます。その人たちは「(b) は〈継続〉ではなく〈完了〉の響きが強い。だからその会社に3年勤め終えてこれから退職する人は (b) を使う。今後も引き続き勤める人は (a) を使う」と言います。現在完了進行形を使えるときは、なるべくそちらを使うようにしましょう。

## 現在完了進行形にできない動詞

進行形にできない動詞は、現在完了進行形にもできません。

(2) I**'ve belonged** [ × I've been belonging] to this club for a year.（このクラブに入って1年になります）

belong to 〜（〜に所属している）は進行形にできない動詞で、I'm belonging to this club. とは言えません（正しくは I belong to this club.）。だから現在完了進行形にするのも間違いです。

## Question about English 099

「過去」を表す完了形

## She is said to have been an actress. (彼女は女優だったそうだ)の to have been は現在完了を表すのですか？

完了形（have ＋過去分詞）には、次の２種類の使い方があります。
**(A) 時制として使う（現在完了形など）。**
**(B) 動詞の原形しか置けない位置で、過去形の代わりに使う。**

### 過去形の代用品として使う完了形

(B) の使い方の例を見てみましょう。
(1) 彼女は女優だったそうだ。
　→ (a) It is said that she was an actress.
　　 (b) She is said to **have been** an actress.

(a) では「言われている (is said)」のは現在のこと、「女優だった (was an actress)」のは過去のことです。(b) は (a) と同じ意味だから、She is said to was an actress. と過去形を使って表現したいところです。しかし、不定詞の to の後ろでは動詞の原形しか使えません。そこで、過去形（was）の代用品として完了形（have been）を使うのです。だからこの完了形には「〜してしまった」のような〈完了〉の意味はありません。次の例も理屈は同じです。

(2) 彼はまだ来ていない。事故にあったのかもしれない。
　→ He hasn't come yet. He may **have had** an accident.
　　　　 現在完了形　　　　　　　過去形 (had) の代わり

彼が「事故にあった」としたら、それは現時点から見て過去のことです。しかし may（助動詞）の後ろには原形しか置けません。だから had の代わりに have had という完了形を使うわけです。

## Question about English 100

過去形を使った控えめな表現

# 「〜する方がいい」を had better と過去形で表現するのはなぜですか？

had better の had が過去形なのは、**過去形が控えめな気持ちを表すこと**と関係があります。日本語でも「〜でよろしかったでしょうか」と言ったりしますが、これは「〜でよろしいでしょうか」よりも遠回しでていねいに響く（と本人が思っている）からです。英語でも同じ心理が働いて、たとえば次のような言い方をします。

(1) 私たちの予定を変更することができるでしょうか。

→ (a) I wonder if we can change our schedule.

(b) I **wondered** if we **could** change our schedule.

(c) I **was wondering** if we **could** change our schedule.

I wonder if 〜は「〜だろうかと思う」の意味です。普通に英訳すれば (a) ですが、(b) のように過去形を使うと「予定を変更できるだろうかと思っていたのですが」という意味になって、(a) のように「今思っている」と言うよりも控えめな表現になります。さらに (c) のように過去進行形を使うと「一時的に思っていたのですが」というさらに控えめな言い方になるわけです。

(2) 私たちは予定を変更する方がいい。

→ (a) It **would be better** for us to change our schedule.

(b) We **had better** change our schedule.

(a) は仮定法過去を使った控えめな言い方です（→ 112 ）。(b) でも過去形の had で控えめな気持ちを表していると考えることができます。

## Question about English 101
### had better と should

# 「君は〜する方がいい」の英訳は You had better 〜 ですか？You should 〜ですか？

「君は〜する方がいい」と言いたいときは、**You should** 〜を使うようにしましょう。

(1) 弁護士に相談する方がいいよ。
 → ○ (a) You **should** consult a lawyer.
   △ (b) You <u>had better</u> consult a lawyer.

(b) のように had better を使うと、「弁護士に相談する方がいい。さもないとどうなってもしらないぞ」という脅迫的なニュアンスを持つ場合があります。ただし、前に I think を置けば響きが柔らかくなるから問題ありません。

(2) **I think you'd better** consult a lawyer.
（弁護士に相談する方がいいと思うよ）

話し言葉では you had better は you'd better のように短縮形で表すのが普通です。また、we'd better は普通に使われます。

(3) We'**d better** start right now.（今すぐ出発する方がいい）

## should は「〜する方がいい」の意味

should はしばしば「〜すべきだ」と訳されますが、「〜する方がいい」の意味を覚えておきましょう。

(4) **Should** [Shall] **we** take a break?（休憩しようか）

Should we 〜? は「私たちは〜すべきだろうか→〜しませんか」ということ。アメリカ英語では Shall we 〜? の代わりに Should we 〜? がよく使われます（→53）。

## Question about English 102
過去形と used to の違い

# used to（以前は〜だった）と、ふつうの過去形との意味の違いは何ですか？

次の2つの文を比べてみましょう。
(1) (a) My grandfather **used to** be a high school teacher.
 　（私の祖父は以前高校の先生をしていました）
 　(b) My grandfather **was** a high school teacher.
 　（私の祖父は高校の先生でした）

used to は「**以前は〜だったが、今はそうではない**」という意味を表します。つまり (a) は「祖父は今は高校の先生ではない」という意味で、話し手の祖父はまだ生きています。一方 (b) の過去形は、「過去のある時点で〜だった［した］」という意味で、現在とは切り離された過去の出来事を語っています。だから、(b) はネイティブには「この人の祖父はもう死んでいる」というニュアンスに響きます。

## 過去形の使い方に関する注意

もう1つ例を見てみましょう。
(2) 私は以前トヨタに勤めていました。
 　→ ○ (a) I **used to** work for Toyota.
 　　 △ (b) I **worked** for Toyota.

(b) は「過去のある時点でトヨタに勤めていた」という意味ですが、これだけでは情報が足りない感じがします。たとえば for three years（3年間）、a few years ago（数年前）など、過去の時点であることを示す言葉を補う方が英語らしい文になります。

**Question about English 103**

受動態の基本

## 「このドアにはカギがかかっている」は英語で何と言いますか？

「このドアにはカギがかかっている」は This door is locked. と表現できます。locked は過去分詞で、is locked の直訳は「カギをかけられている」。このように〈**be 動詞＋過去分詞**〉の形で「**～され(てい)る**」という意味を表す形を**受動態**と言います。

この英文を作るには、「カギがかかっている」という日本語を「カギをかけられている」と置き換えて考える必要があります。

### 「S は～され(てい)る」という意味なら受動態を使う

受動態は中学で習う文法項目ですが、実際に使うときはこうした発想の切り替えが必要なこともよくあります。次の例も同様です。

(1) 窓は閉まっている。

→ The window **is closed**. ＊「閉じられている」と考えます。

(2) 彼の車は向こうに止まっている。

→ His car **is parked** over there. ＊「駐車されている」と考えます。

(3) このビルは築 30 年になります。

→ This building **was built** 30 years ago.

＊「30 年前に建てられた」と考えます。This building is 30 years old. とも言います。

主語（S）を基準にして考えたとき、「S は～され（てい）る」という意味なら受動態を使います。

## Question about English 104
### 現在形と過去形の選択

# This car ( ) made in Germany. の空所に入るのは、is ですか、was ですか？

　This car ( ) made in Germany.（この車はドイツ製です）の空所には、is も was も入れられますが、使う状況と意味が違います。

(1) (a) This car **is made** in Germany.

　　（この（型の）車はドイツで製造される）

　＊They make this (type of) car in Germany. を受動態で表現したと考えればよいでしょう。make は現在の習慣を表します。

　 (b) This car **was made** in Germany.

　　（この（特定の1台の）車はドイツで製造された）

したがって、「父の車はドイツ製です」は My father's car was [× is] made in Germany. となります。

## 現在形と過去形の選択に迷うケース

　現在形と過去形の選択に迷いやすい他の例を挙げてみましょう。

(2) 両親はどちらも東京生まれです。

　　→ Both (of) my parents **were** [× are] **born** in Tokyo.

(3) 彼はブラジルの出身です。

　　→ He **comes** [× came] from Brazil.

　＊He is from Brazil. でもＯＫ。came は「ブラジルから来た（この前はブラジルにいた）」で、必ずしも「出身だ」の意味ではありません。

(4) サヤカは退職するそうだ。

　　→ I **hear** [**heard**] Sayaka is leaving work.

　＊現在形（～と聞いている）でも過去形（～と聞いた）でもＯＫ。

3 英文法

## Question about English 105

### 受動態と時制・助動詞の組み合わせ

# 「電車が遅れている」をThe train is late. と言えますか？

状況にもよりますが、The train is late. だと「遅い時間の電車」と解釈される可能性もあります。「遅れている」は **be delayed** で表現するとよいでしょう。delay は「～を遅らせる」という意味の動詞で、次のように使います。

(1) (a) Heavy snow <u>delayed</u> the train.
　　（大雪が電車を遅らせた）
　(b) The train <u>was delayed</u> because of [by] heavy snow.
　　（電車は大雪のために遅（らさ）れた）＊下線部＝受動態

ただし、The train <u>is delayed</u> because of heavy snow. は不自然な文です。この文は Heavy snow <u>delays</u> the train. に対応しているので、「その電車はいつも大雪で遅れる」と解釈されかねません（delay は動作動詞で、動作動詞の現在形は習慣を表すから）。だから次の文の方が自然です。

(2) The train **has been delayed** because of heavy snow.

これは現在完了形と受動態を組み合わせた形で、Heavy snow <u>has delayed</u> the train. に対応しています。このように、受動態は時制や助動詞と組み合わせて使うことができます。

(3) The event **is going to be held** next Sunday.
　　（そのイベントは次の日曜日に行われる予定です）

この文は、be going to（～する予定だ）の後ろに受動態（be held ＝行われる）を置いた形です。

## Question about English 106
### 受動態が表す「動作」と「状態」

# That store (　) at 8 p.m. の空所に入るのは、closes ですか？ is closed ですか？

「あの店は午後8時に閉店します」は、That store **closes** at 8 p.m. と言います。is closed だと「あの店は午後8時には閉まっています」（状態）の意味に解釈されます。

　受動態には「〜される」（動作）と「〜されている」（状態）の意味がある点に注意しましょう。

### 「〜される」は〈get ＋過去分詞〉の形で表す

(1) 私は交通渋滞に巻き込まれた。
　→ △ (a) I **was caught** in a traffic jam.
　　○ (b) I **got caught** in a traffic jam.

(a) は間違いではありませんが、これだと「私は交通渋滞に巻き込まれていた」（状態）の意味にも解釈できます。そこで**「〜される」（動作）**の意味を明らかにするためには、〈get ＋過去分詞〉の形を使えばOKです。

(2) We **got excited** at the game.
　（私たちはその試合に興奮した）

(3) He **got interested** in astronomy when he was a child.
　（彼は子どもの頃に天文学に興味を持った）

これらの文の get は「〜になる」という意味で、後ろに形容詞や分詞を置いて使います。

(4) I **got sick** on the bus.（バスで気分が悪くなった）

(5) My camera **got broken**.（カメラが壊れた）

## Question about English 107
「自分の物を…される」の表現

# 「自転車を盗まれた」を I was stolen my bike. と言えないのはなぜですか？

学校で次のような書き換えを習ったのを覚えていますか？
(1) (a) Tom loves <u>Mary</u>.（トムはメアリを愛している）
　(b) <u>Mary</u> **is loved** by Tom.（メアリはトムに愛されている）

(b) の is loved のような〈be 動詞＋過去分詞〉の形が受動態です。この関係を「自転車を盗まれた」という文で考えてみましょう。
(2) (a) Someone stole my bike.（誰かが私の自転車を盗んだ）
　(b) My bike **was stolen** (by someone).
　　（私の自転車は（誰かによって）盗まれた）

(a) → (b) の書き換えは(1)と同じです。一方、I was stolen ～ だと「私は盗まれた」というおかしな意味になってしまいます。

## 「写真を撮ってもらう」型の表現

次のように覚えておきましょう。

> ・A を～される［してもらう］＝ have ＋ A ＋過去分詞

「自転車を盗まれた」は **I had my bike stolen.** と表現できます。「～してもらう」の例も見ておきます。
(3) How much did you pay to **have your computer repaired**?
　（パソコンを修理してもらうのにいくら払ったの？）
(4) Let's **have our photo taken** over there.
　（あそこでぼくらの写真を撮ってもらおう）

## Question about English 108
### 主語と動詞の意味的な関係

# 「足を骨折した」を英語で何と言いますか？

「足を骨折した」は **I broke my leg.** でOKです。これを I had my leg broken. と言うと「誰かに足を折られた［折ってもらった］」という不自然な意味に響きます。次の例も同様です。

(1) 手にけがをした。 → **I injured my hand.**
(2) 料理をしていて包丁で指を切った。
 → I **cut my finger** with a kitchen knife while cooking.

## SVO と have を使う形の選択

一方、「～してもらう」という意味を上と同じような（SVOの）形で表せるかどうかは、個々に判断が必要になります。

(3) おじは去年家を新築した。
 → ○ My uncle **had a new house built** last year.
   △ My uncle built a new house last year.
 ＊△の文だと「自分が家を建てた」と誤解されるおそれがあります。

(4) そろそろ運転免許を更新する時期だ。
 → ○ It's time to **have my driver's license renewed**.
   ○ It's time to **renew my driver's license**.
 ＊「更新してもらう」「更新（手続きを自分で）する」のどちらも可。

(5) ガソリンスタンドで洗車した。
 → ○ I **had my car washed** at the gas station.
   ○ I **washed my car** at the gas station.
 ＊洗ってもらったなら上の文、自分で洗ったなら下の文を使います。

## Question about English 109
### 感情を表す受動態

# 「(私は)驚いた」を、I surprised. ではなく I was surprised. と言うのはなぜですか?

　surprise は「(人) を驚かせる」という意味の他動詞です。
　(1) (a) The news surprised me.（その知らせは私を驚かせた）
　　　　　S　　　V　　　O
　　　(b) I **was surprised** at the news.（その知らせに私は驚いた）
　繰り返しになりますが、(b) のような〈be 動詞＋過去分詞〉の形を受動態と言い、「～される［されている］」という意味を表します。(b) の was surprised は「驚かされた→驚いた」ということ。一般に「(人が) ～な感情を持つ」という意味は、(b) のように受動態で表すのが普通です。
　(2) I'**m excited**.
　　（わくわく［興奮］している）＊ excite ＝（人を）興奮させる
　(3) I **get bored** easily.
　　（私は飽きっぽい）＊ bore ＝（人を）退屈させる
　(2) は状態を表す受動態、(3) は動作を表す受動態です。

## surprise は「驚く」という意味ではない

　surprise を「驚く」という意味で使わないのは、1 つには(1) (a) のような **SVO の形が英文の最も基本的な構造**だからです（→74）。たとえば 1 語の decide（決心する）をわざわざ make a decision と 3 語で言い換えたりするのも、V (make) ＋ O (a decision) の形が好まれるからだと言えます。

## Question about English 110
### be surprised の後ろでは必ず at を使うのですか？

受動態に続く前置詞

学校では be surprised at という形を習うのが普通ですが、by を使ってもかまいません。

(1) 私はその知らせにとても驚いた。

→ (a) I was **much surprised by** the news.

(b) I was **very surprised at** the news.

(a) の直訳は「私はその知らせによってとても驚かされた」。この文では be surprised が「驚かされる」という受動態の意味を持っており、「とても」は much で表します。一方 (b) では surpised が「驚いて（いる）」という意味の形容詞として使われています。つまりこの surprised は、happy（うれしい）や sad（悲しい）の仲間です。だから「とても」は very で表します（very happy と同様）。また (b) の be surprised は受動態ではないから、by（〜によって）を使う理由がありません。だから at（〜を見て）を使うのです。

## 前に very を置ければ形容詞

このように、**-ed で終わる語（もとは過去分詞）が完全に形容詞化する**ケースがよくあります。その場合、「**前に very を置ければ形容詞**」と考えることができます。

(2) I'm **very** [ × much] **interested in** [ × by] warships.

（私は戦艦にとても興味がある）

\* very を前に置けるので、interested は過去分詞ではなく「興味がある」という意味の形容詞。したがって in を by にはできません。

## Question about English 111
### 仮定法の基本

# そもそも「仮定法」は何のために使うのですか？

仮定法の例文として、学校では次のような文がよく使われます。

(1) If I **were** a bird, I **could fly** in the sky.
　（もし私が鳥なら、空を飛べるのに）

これは**仮定法過去**の例。過去形を使って「現在の事実の反対」を仮定して、自分の願望を語る言い方です。しかし、普通の会話ではこんな堅苦しい内容の文は使わないでしょう。

　＊ if I were you（もし私があなたなら）はよく使うフレーズです。

## 会話の中でよく使われる仮定法とは？

実際には、**可能性が低い未来のことを想像して願望などを語る**場合に仮定法過去を使うことがよくあります。

(2) If I **won** a lottery, I'**d** [I **would**] **travel** abroad.
　（もし宝くじが当たったら、海外旅行がしたい）

この文では、未来に起きることを想像しており、可能性は低いけれどゼロではありません。これが仮定法過去の一般的な例です。

　＊宝くじが当たる可能性を高く［五分五分と］見積もっていれば、If I win a lottery, I'll travel abroad. とも言えます。

(3) "Can you join us?" "**I wish I could**, but I'm busy today."
　（「私たちと一緒に来られる？」「行ければ行きたいんだけれど、今日は忙しいの」）

I wish は「～ならいいのに（実際はそうではない）」の意味で、後ろには仮定法を置きます。この形は会話でもよく使います。

**Question about English 112**
助動詞の過去形と仮定法

# 「〜してもらえますか」と頼むとき、Could you 〜 ? を使うとなぜていねいに聞こえるのですか？

次の2つの文を比べてみましょう。

(1) テレビをつけてもらえますか。
  → (a) **Can** you turn on the TV?
    (b) **Could** you turn on the TV?

(a) よりも (b) の方がていねいに響くのは、仮定法過去の could を使うことで、「（ご無理とは思いますがもし私が頼んだら）あなたは私を手伝うことができるでしょうか」という遠回しな言い方になるからです。

## 仮定法の would の利用

このように**仮定のニュアンスを含む助動詞の過去形を使った控えめな言い方**は非常によく見られます。

(2) The plan **would be** difficult to carry out.
   （その計画を実行するのは難しいでしょう）

この文の場合、下線部を is にすると「難しい」と断定することになります。will be だと、着手することが既に決まっていると誤解されるおそれもあります。would be を使えば「（可能性は低いが）たとえ実行するとしても難しいだろう」という仮定のニュアンスを含んだ控えめな言い方になります。だから(2) では would be を使うのがベスト。助動詞の過去形をこのように使いこなせるようになれば、英語の表現力はうんとアップするはずです。

## Question about English 113
形容詞と副詞

# 「修飾語」とは そもそも何ですか？

「修飾する」とは「くわしく説明する」ということです。

(1) (a) I have a cat.（私はネコを飼っている）

(b) I have a cute cat.（私はかわいいネコを飼っている）

(b) の cute（形容詞）は、後ろの cat（名詞）をくわしく説明していますね。つまり cute は修飾語です。

(2) She drives carefully.（彼女は慎重に運転する）

この文では、carefully（副詞）が drives（動詞）を修飾しています。

## 形容詞と副詞の違い

簡潔にまとめると次のようになります。

| 修飾語 | 基本的な働き |
|---|---|
| 形容詞 | 名詞を修飾する。 |
| 副詞 | 名詞以外のものを修飾する。 |

修飾語は1語とは限りません。2語以上の語句がまとまって1つの修飾語の働きをすることもあります。

(3) He has a car made in Germany.

（彼はドイツ製の車を持っている）＊下線部＝形容詞の働き

(4) I lived in Osaka when I was a child.

（私は子どもの頃大阪に住んでいた）＊下線部＝副詞の働き

また、修飾語は取り除いても文の骨組みが崩れません。(2)〜(4)は下線部がなくても完成した文の形になっています。

| Question about English | 114 |

**I was only a child then. の only は副詞と形容詞のどちらですか？**

形容詞と副詞
の関係

I was only a child then. の only は副詞です。

(1) I was **only** a child then.（私は当時ほんの子どもだった）

「ほんの子ども」という日本語からもわかるとおり、この文では副詞（only）が名詞（child）を修飾しています。しかし学校ではたいてい「名詞を修飾するのは形容詞。副詞はそれ以外を修飾する」と習うはずです。（→113）

では、(1) の only はなぜ形容詞ではないのか？ それは、24で説明したとおり形容詞は名詞の「恒常的性質」や「一時的状態」を表すからです。only a child の only は、そのどちらの意味でもありません。だから only は形容詞ではありませんが、修飾語には違いありません。それなら副詞に分類するしかない、という理屈です。つまり**「副詞＝修飾語のうちで形容詞ではない語」**と考えればOKです。

## 名詞を修飾する even（副詞）

only と同じように名詞を修飾する副詞の1つが even です。

(2) **Even** Homer sometimes nods.（弘法も筆の誤り）

このことわざの直訳は「ホメロスでさえ時には（居眠りして）間違える」。Homer は有名なギリシャの詩人です。even は Homer を修飾していますが、品詞としては副詞です。

## Question about English 115
副詞の関係

# It's hot today.（今日は暑い）と Today it's hot. は、同じ意味ですか？

答えはノーです。次の2つの文は使う状況が違います。

(1) (a) It's hot today. / (b) Today it's hot.

**時を表す副詞の基本的な位置は文末**です。これらの文では today が副詞だから、「今日は暑いね」と話題を切り出すときは (a) を使うのが普通です。一方 (b) は、「今日」をそれ以外の日と対比するような場合に使います。

(1) (c) It was cool until yesterday, but today it's hot.
（きのうまでは涼しかったけれど、今日は暑い）

## 副詞の位置に応じた文の意味の違い

次の例も見ておきましょう。

(3) 小さい頃、私は内気な少女でした。
→ ○ (a) I was a shy girl when I was small.
△ (b) When I was small, I was a shy girl.

「小さい頃の私は…」と話を切り出すときは、(a) の方が普通です（時を表す副詞（節）の定位置は文末だから）。一方 (b) は、「小さい頃」を別の時点と対比して使います。たとえば「今でこそ私はこんな性格だけれど、小さい頃は内気だったのよ」というような状況です。このように**副詞（的要素）を定位置から文頭に移すと、それが特別な意味［他との対比のニュアンス］を持つようになります**。

## Question about English 116

### 前置詞の省略

# 前置詞はどんな場合に省略できるのですか？

この問いに対して一般的な答えを示すのは簡単ではありません。いくつか例を挙げてみましょう。

(1) I stayed at home and watched TV (**for**) 8 hours yesterday.

（きのうは家にいてテレビを8時間見た）

(2) Our sales have increased (**by**) 20 percent this year.

（当社の売り上げは今年20％増えた）

(3) Our sales have increased (**by**) **about** 20 percent this year.

（当社の売り上げは今年約20％増えた）

＊(2) の by（～の分だけ）は、「省略できる」と言う人もいれば「省略しない」と言う人もいます。また(2) で「byを省略しない」と答えたネイティブでも、(3) の by は省略できると言う人もいます。by を省略しても副詞の about が前置詞のように感じられるからでしょう。

(4) Which floor is the toy department **on**?

（おもちゃ売り場は何階ですか）

＊ The toy department is on the 8th floor. のような文の下線部を尋ねる形だから、on は省略できません。

(5) This village is a good place for elderly people to live (**in**).

（この村は高齢者が住むのによい場所です）

＊理屈から言えば live in a place ですが、in はしばしば省略します。

## Question about English 117
目的を表す表現

# 「車を買うために」の英訳は、to buy a car と for buying a car のどちらでもでもよいですか？

「車を買うために」の意味になるのは to buy a car だけです。「〜するために」を〈for + -ing〉で表すことはできません。

(1) 私は顧客に会うために横浜へ行った。
　→ ○ (a) I went to Yokohama **to meet** a client.
　　 × (b) I went to Yokohama <u>for meeting</u> a client.

(2) 海へ泳ぎに行きたい。
　→ ○ (a) I want to **go swimming** in the sea.
　　 × (b) I want to go to the sea <u>for swimming</u>.

(2)では go swimming（泳ぎに行く）という形を使います。

## 「〜(し) に行く」の表し方

次のフレーズもまとめて覚えておきましょう。

- **go shopping [camping、cycling、fishing、sightseeing]**
（買い物［キャンプ、サイクリング、釣り、観光］に行く）
- **go (out) for a walk [drive]**（散歩［ドライブ］に出かける）
- **go on a trip [picnic]**（旅行［ピクニック］に出かける）

なお、「〜するためのX」を〈X + for + -ing〉で表すことはできます。

(3) 彼には金をもうける（ための）才能がある。
　→ He has a talent **for making** money.

| Question about English | 118 |
|---|---|

so that の利用

# 「ミスをしないために」の英訳は、**not to make a mistake** ですか？

「〜するために」は不定詞（to do）で表すのが一番シンプルですが、「〜しないために」を〈not to do〉で表すのは原則として誤りです。

(1) ミスをしないためにもっと練習しなさい。

　→ ○ (a) Practice more **so that** you **won't** make a mistake.

　　○ (b) Practice more **in case** you make a mistake.

　　× (c) Practice more <u>not to make</u> a mistake.

　＊ so that S won't V = S が V しないように
　＊ in case S V = S が V するといけないので

(2) 忘れないように［ために］番号をメモしておきなさい。

　→ ○ (a) Write down the number **so (that)** you **won't** forget it.

　　× (b) Write down the number <u>not to forget</u> it.

　＊会話では so that の that を省略することもあります。

## 〈care (ful) + not to do〉の形

〈take care [be careful] + not to do〉（〜しないよう注意する）の形は可能です。

(3) ミスをしないよう注意しなさい。

　→ **Take care** [**Be careful**] **not to make** a mistake.

## Question about English 119
### 不定詞と動名詞の違い①

# finish working（仕事を終える）を finish to work と言えないのはなぜですか？

中学でも次のような形を習います。
(a) start **working** [**to work**]（仕事［働くこと］を始める）
(b) finish **working** [ × to work]（仕事［働くこと］を終える）

(a) の start（〜を始める）は、後ろに動名詞（working）と不定詞（to work）の両方を置くことができます。しかし (b) の finish（〜を終える）は、後ろに動名詞しか置けません。

このような違いの背景として、次のことを知っておきましょう。

・**動名詞 → 習慣的な行為［既に行っていること］を表す。**
・**不定詞 → 未来に向けての１つの行為を表す。**

不定詞の to は、もともと「〜へ」の意味を表す前置詞と同じものでした。そこで to work は「これから働く」というニュアンスになるから、start とは相性がいいけれど finish・stop（〜をやめる）・give up（〜をあきらめる）などとは相性が悪いのです。

(1) My hobby is **making** [ × to make] model planes.
 （私の趣味は模型飛行機を作ることです）
(2) My dream is **to become** [ × becoming] a comedian.
 （私の夢は芸人になることです）

(1) の making は習慣的行為を、(2) の to become は未来に向けての１つの行為を表しています。

## Question about English 120
### 不定詞と動名詞の違い②

# 雪が降り出したのを見て It's snow. と言えますか？

　意味が通じなくはないけれど、It's snow. という文は正しくありません。78で、「私は健康です」を I'm health. とは言えないと説明しました。同じように名詞の snow（雪）を使って It's snow. と言うと「それは雪です」という意味になるので、it が特定の何かを表すような場合でないと使えません。たとえば次のような。

(1) "What does this sign stand for? "It's [It stands for] snow."
　（「この記号は何を表しますか」「それは雪です」）

参考までに、雪に関するいくつかの英文を見ておきます。

(2) 外は雪が降っている。→ It's snowing [snowy] outside.

(3) 明日は雪だろう。→ It will snow [be snowing] tomorrow.

(4) 雪が降りそうだ。→ It looks like snow.

(5) 雪が降ってきた。→ It's **starting** [**beginning**] **to snow**.

(6) 雪が（降り）やんだ。
　→ (a) It has **stopped snowing** [ × to snow].
　　(b) The snow has stopped.

「雪が降ってきた」は「雪が降り始めている」と考えて、(5)のように表現できます。一方「雪がやんだ」を(6)(a)のように言う場合、不定詞は使えません（→119）。「〜することを…する」という意味を表すとき、**不定詞と動名詞のどちらか一方しか使えない**場合があることに注意しましょう。

## Question about English 121
関係代名詞の実用的な使い方

# 英語で話すために必要な関係代名詞のポイントは何ですか？

まず、学校で習う関係代名詞を見ておきます。

| 先行詞 | 主格 | 所有格 | 目的格 |
| --- | --- | --- | --- |
| 人 | who / that | whose | who(m) / that |
| 人以外 | which / that | whose | which /that |

これを見ると、that と whose だけで間に合うようにも思えますね。しかし実用上は、次のように覚えておきましょう。

| 先行詞 | 主格 | 所有格 | 目的格 |
| --- | --- | --- | --- |
| 人 | **who** | (whose) | 省略する |
| 人以外 | **that** | (whose) | 省略する |

主格の関係代名詞は、先行詞が人なら who、人以外なら that を使うのが一般的。所有格の whose はなるべく使わず、別の表現で代用しましょう。目的格の関係代名詞は省略するのが普通です。

(1) 英語が話せる秘書 → a secretary **who** can speak English

(2) 電池で動くおもちゃ → a toy **that** runs on a battery

(3) 屋根の赤い家
 → ○ (a) a house **with a red roof**
   △ (b) a house whose roof is red

(4) 私がきのう会った男性 → the man I met yesterday

 \* the man who(m) [that] I met yesterday よりも、下線部の関係代名詞を省略する方が普通。( → 122 )

## Question about English 122

〈名詞＋S＋V〉の形

## 「私の読んでいる本は面白い」を My reading book is interesting. と言えますか？

言えません。正しい文の例は、The book I'm reading (now) is interesting. です。この種の間違いが英作文で時々見られるので注意しましょう。次のように覚えておくとよいでしょう。

（和文）SがVするA →（英文）A S V

いくつか例を挙げておきます。

(1) 私が尊敬する作家 → a writer I respect
(2) 彼が愛している女性 → the woman he loves
(3) 彼女が歌っている歌 → the song she is singing
(4) 君がぼくに貸してくれた本 → the book you lent me

このような形を瞬時に思い浮かべられるようになれば、作文でも会話でも表現力の幅が格段に広がるはずです。

## 「私の生まれた家」などの表し方

(5) 彼女が歌っている歌のタイトルは何？
　→ ○ (a) What's the title of the song she is singing?
　　× (b) What's the title of her singing song?
(6) ここが私の生まれた家です。
　→ This is the house I was born in.
　　＊I was born in the house.（私はその家で生まれた）→ the house I was born in.（私が生まれた（その）家）と考えます。

131

| Question about English | **123** | 「(1人の)女性がジョギングしている」を **A woman is jogging.** と言えますか？ |
|---|---|---|

There 構文
の利用

　間違いではありませんが少し不自然です。次の2つの文を比べてみましょう。

　(1) (1人の) 女性があそこでジョギングしている。

　　→ △ (a) <u>A woman</u> is jogging over there.

　　　○ (b) **There is** <u>a woman</u> **jogging** over there.

　(b) の方が自然な言い方です。これは、**英文は（情報的に）軽い言葉で始めるのが自然だ**というルールに関係しています。a woman は重要な情報だから、(a) のようにこれを文の最初に置くと、聞いた方は「え？何だって？」と不意をつかれたような印象を持ちます。一方 (b) の There is はほとんど意味を持たない軽いフレーズで、「～がある［いる］」という意味のことをこれから言いますよ、と予告する働きをしています。強勢も、There is a wóman …のように「弱－強」になります。これが英文の基本的なリズムです（→23）。

### 〈There is [are] ＋ A ＋分詞〉の形

　There で始まる文をもう1つ見ておきます。

　(2) 冷蔵庫にミルクが（多少）残っている。

　　→ △ (a) <u>Some milk</u> is left in the refrigerator.

　　　○ (b) **There is** <u>some milk</u> **left** in the refrigerator.

　このように、**〈There is [are] ＋ A ＋分詞〉の形で「A が～している［されている］」**という意味を表すことができます。

## Question about English 124
原級の基本形

# Ken is as tall as Tom is tall.
（ケンはトムと同じくらいの身長だ）
## という文は正しいですか？

　正しくありません。Ken is as tall as Tom is tall. という英文は誤りです。しかし最後の tall を取り除いた Ken is as tall as Tom is. は正しい文です。なぜでしょうか。

　それは tall という語の意味の違いによります。Ken is tall. は「ケンは背が高い［長身だ］」という意味です。しかし Ken is **as tall as** Tom (is). の場合は「2人の身長が同じくらいだ」と言っているだけです。つまり tall は「長身だ」ではなく、「**～の背の高さだ**」という意味を表しています。一方、Ken is as tall as Tom is tall. と言うと下線部が「トムは長身だ」という意味になるから、事実に合わないこともあります。だからこの文は間違いです。

## than や as の後ろに形容詞を置かないこと

　このように形容詞の原級（や比較級）を使った文では、その形容詞は「～の大きさだ」という〈尺度〉の意味を表します。だから as や than の後ろに〈S + V〉の形を置くとき、その後ろに形容詞を置いてはいけない点に注意しましょう。

(1) この部屋は私の部屋より広い。

　　→ This room is **larger than** my room (is).

　この文の場合も、… than my room is large. とは言えません。それだと「私の部屋は広い」という意味になってしまうけれど、実際には「私の部屋」は（絶対的な尺度で言えば）狭い部屋かもしれないからです。

## Question about English 125

否定文中の原級と比較級

## 「ケンはトムほど背が高くない」を、Ken isn't taller than Tom. と言えますか？

言えません。次の2つの文は意味が違います。

(1) Ken is**n't as [so] tall** as Tom.

　（ケンはトムほど背が高くない）

(2) Ken is**n't taller than** Tom.

　（ケンはトムより背が高いわけではない）

つまり、次のように言えます。

> 〈A is not ＋ as[so] ＋原級＋ as B〉は A ＜ B の関係を表す。
> 〈A is not ＋比較級＋ than B〉は A ≦ B の関係を表す。

実際には、(2) はしばしば「ケンはだいたいトムと同じくらいの身長だが、トムより背が高いということはない」という場合に使います。

### A ＜ B の関係は〈not ＋ as 〜 as …〉で表す

参考までに、(1) の as と so の違いにも触れておきます。まず、「ケンの身長＜トムの身長」という関係を表す基本的な形は Ken isn't as tall as Tom. です。この文は2人がどんな身長であっても使えます。一方 so はもともと「それほど、そんなに」という意味だから、Ken isn't so tall as Tom. という文は「トムは長身だがケンはそれほど長身でもない」と言いたいときに使うのが普通です。**A ＜ B の関係を表すには〈not ＋ as 〜 as …〉の形を使うのが基本**だと覚えておきましょう。

## Question about English 126

さまざまな比較の形

# 「ここは日本より物価が安い」を英語で何と言いますか？

まず、比較級・原級を使った基本的な文を見ておきます。

(1) 私の兄は君より背が高い。

→ My brother is **taller than** you (are).

＊「私の兄の背の高さ＞君の背の高さ」という関係。

(2) 君の発音はネイティブと同じくらい上手だ。

→ Your pronunciation is **as good as** a native speaker's.

＊「君の発音の上手さ＝ネイティブの発音の上手さ」という関係。文末に pronunciation を補って考えます。

(1)(2) では、主語（の性質・状態）が別のものと比べられています。一方、主語以外のものが比較される次のような形もあります。

(3) 今日はきのうより暖かい。

→ It's **warmer** today **than** (it was) yesterday.

＊「今日の暖かさ＞きのうの暖かさ」

質問の和文も、(3) と同じタイプの比較です。

(4) ここは日本より物価が安い。

→ Prices are **lower** here **than** (they are) in Japan.

＊「ここの物価の低さ＞日本での物価の低さ」

(5) 10 年前の彼は今ほど金持ちではなかった。

→ He wasn't **as rich** ten years ago **as** (he is) now.

＊「10 年前に彼が金持ちだった程度＜今彼が金持ちである程度」

> **Question about English 127**
> 無生物主語の実用的な使い方

# 学校で習った「無生物主語」は会話の中でどう使えばよいですか？

**状況によっては無生物主語を使う方がいい場合もあります。**

まず、無生物主語を使った例を見てみましょう。

(1) <u>Ten minutes' walk</u> took us to the beach.
（10分歩くと私たちは海岸に着いた）

＊直訳は「10分の歩行が私たちを海岸へ連れて行った」。普通は We got to the beach after walking (for) ten minutes. などと言います。

上のような文は一種の文学的表現で、日常的には使わないでしょう。一方、次の場合は無生物主語を使う方がベターです。

(2) なぜそんなに怒っているの？
　→ △ (a) Why are you so angry?
　　 ○ (b) **What makes** you so angry?

＊ (b) が無生物主語で、直訳は「何があなたをそんなに怒らせるのか」。

この場合、会話では (b) の方が好まれます。(b) は「そんなに腹を立てて、どうかしたのですか？」という客観的な質問だけれど、(a) は「なぜそんなに腹を立てているんだ（私には理解できないよ）」という感情的な（非難めいた）響きにも聞こえるからです。

## Why did you come here? ではケンカになる!?

同じように、**What brought** you here? は「何があなたをここへ連れて来たのか→どんなご用件でこちらにいらしたのですか」ということ。これを Why did you come here? と言うと「なぜここに来たんだ（来なくてもよかったのに）」と受け取られるおそれもあります。

**Question about English 128**
実用的な分詞構文の使い方

# 学校で習った「分詞構文」は会話の中でどう使えばよいですか？

**分詞構文は会話の中でもよく使います**。ただし、学校で習う形とは少し違うので注意しましょう。

分詞構文とは、分詞（現在分詞・過去分詞）で始まる語句を使って説明を補足する次のような形を言います。

(1) <u>Walking on the street,</u> I met an old friend.
（通りを歩いていたら、古い友人に会った）

下線部は後半に対する補足説明です。学校ではこの文を When I was walking 〜 と書き換える練習をします。しかし、**-ing 形を文の最初に置く形は、会話ではまず使いません**。

## 分詞構文は「〜しながら」の意味で使う

会話でよく見られるのは次のような形です。

(2) "Where were you?" "I was in the garden, **watering** the flowers."
（「どこにいたの？」「庭だよ。花に水をやっていたんだ」）

下線部は「**〜しながら**」という補足説明です。このように会話では頭に浮かんだ順に情報を並べるから、途中で思いついた説明を後ろに加えるのが普通です。例を追加しておきます。

(3) That'll be 1,080 yen, **including** tax [tax **included**].
（税込みで 1,080 円になります）

(4) I couldn't speak a word, **shocked** at the result.
（言葉が一言も出なかったよ、その結果にショックを受けて）

3 英文法

## Question about English 129
### 直接話法と間接話法の選択

# 学校で習った「話法」は、会話の中でどう使えばよいですか？

まず、話法（の転換）の例を確認しておきます。

(1) (a) John said to me, "You are wrong."《直接話法》
　　（「君は間違っている」とジョンは私に言った）
　(b) John told me (that) **I was** wrong.《間接話法》
　　（私が間違っている、とジョンは私に言った）

(a) のように誰かの発言を引用符に入れた形を直接話法と言い、(b) のように「今の自分[話し手]」を基準にして言い換えた形を間接話法と言います。重要なのは次の点です。

> **会話では常に間接話法を使う。**

## 直接話法は「誤解」を招く

その理由を上の例で考えてみます。もし A さんが(1) (a) を口に出して B さんに言ったら、B さんの耳には John said to me <u>you</u> are wrong. と聞こえるはずです。B さんはこの you を、自分のことだと誤解するでしょう。しかしジョンが実際に言ったのは「A さんは間違っている」ということです。このように、直接話法を使うと聞き手（B さん）が誤解するケースが起こります。だから会話ではもっぱら間接話法を使い、直接話法は使いません。

(1) (b) のような文を作るためのポイントは、**人称代名詞**（この例では I）の選択と、**時制の一致**（told が過去形なので、was も過去形にする）に気をつけること。それだけを知っておけば十分です。

# 4
## 「基本語」の用法と意味についての疑問

# some eggs, a few eggs, several eggs のうち、卵の数が一番多いのはどれですか？

この章では、中学レベルの基本的な単語の使い方に関する疑問を取り上げます。「意味はよく似ていても使い方が違う」「日本語で考えると使えそうなのに実際には使えない」といった基本語の使い方を、この章の説明を通じて確認してください。

## Question about English 130
### 第2文型で使う動詞

# 「気分が悪くなった」は、I became sick. と I got sick. のどちらも使えますか？

どちらもＯＫ。I became sick. も I got sick. も「気分が悪くなった」という意味です。〈become[get] ＋形容詞〉で「～になる」という意味を表すことができます。

これらは〈Ｓ＋Ｖ＋形容詞〉の形（第2文型）で使う動詞のグループに入ります。次のような文も同じ形です（下線の語が形容詞）。

(1) The signal **turned** red.（信号が赤になった）
(2) The eggs **went** bad.（卵が腐った）
(3) You **look** tired.（君は疲れているようだ）
(4) **Keep** quiet.（静かにしておきなさい）

## become と get（～になる）の違いは？

このグループの動詞のうち、**become だけは後ろに名詞を置くこともできます**。

(5) She will **become** [ × get] a professional singer.
（彼女はプロの歌手になるだろう）

この文で get を使うと、「彼女はプロの歌手を手に入れるだろう」という意味に解釈されてしまいます。

なお、たとえば(1) を The signal turned to red. と言ったり、(2) を The eggs went to bad. と言ったりしないように。前置詞（to）の後ろに形容詞を置くことはできません。

## Question about English 131
### 自動詞と他動詞の区別

## 「私たちはこの小学校で6年間学びました」と言うときの「学びました」はlearnとstudyのどちらですか？

(1) 私たちはこの小学校で6年間学びました。
　→ We **studied** [ × learned] at this elementary school for six years.

この文ではlearnは使えません。learnは基本的に「〜を学ぶ［勉強する］」という意味の他動詞だからです。たとえば「英語を勉強する」の英訳は、learn Englishでもstudy EnglishでもOKです。しかしlearnだけで「勉強する」という意味を表すことはできません（learn quickly（物覚えが早い）などの言い方は可能）。

### I don't want to marry now. はどこが間違い？

このように動詞を使うときは、自動詞と他動詞のどちらの使い方をするかを正しく知っておく必要があります（→73）。

(2) 私は今は結婚したくない。
　→ I don't want to **get married** [ △ marry] now.
＊ marryは「〜と結婚する」という意味の他動詞として使うのが基本。「結婚する」はget marriedで表します。

(3) 私は来週日本から出発する予定です。
　→ I'm going to **leave** [ × leave from] Japan next week.
＊ leaveは「〜を発つ」の意味だから前置詞は不要です。

4 基本語

**Question about English 132**

動詞の後ろの
前置詞の有無

# look と look at はどう使い分ければよいですか？

例を見てみましょう。

(1) **Look** at this. （これを見なさい）

　　　名詞 　＊ look at ＋名詞＝～を見る

(2) You **look** sick. （具合が悪そうだね）

　　　形容詞 　＊ look ＋形容詞＝～に見える

上の2つの文中の look は、意味の異なる別の動詞だと考えるのがよいでしょう。

## look と watch の違いは？

もう少し掘り下げて考えてみましょう。

(3) I **looked at** the clock. （私は時計を見た）

(4) I **watched** a movie yesterday. （私はきのう映画を見た）

look も watch も「見る」という意味ですが、look の後ろには前置詞の at があり、watch の後ろにはそれがありません。これら2つの動詞の正確な意味は、次のようになります。

・look「見る［目を向ける］」＋ at「～（の1点）に」
・watch「～を見る」

つまり look（目を向ける）は自動詞であり、watch（～を見る）は他動詞です。**他動詞の後ろには前置詞を置きません**。「1つの動詞がさまざまな意味を持っていることが多い」「動詞は後ろに置く形をセットで覚えることが大切」という点を常に意識しておくようにしましょう。

## Question about English 133

### 第4文型で使う動詞

# 「彼氏にチョコをあげる」の「あげる」を give で表すことができますか？

「きのう彼氏にチョコをあげた」は、次のように英訳できます。

(1) (a) I gave <u>my boyfriend</u> <u>some chocolate</u> yesterday.
　　　　　　　　人　　　　　　　　物

　　(b) I gave <u>some chocolate</u> **to** <u>my boyfriend</u> yesterday.

ポイントは2つ。まず「give＝与える」と覚えている人は、give を使うのに抵抗があるかもしれません。しかし、「あげる」も give で表してかまいません。

次に、(a) のように〈**S＋V＋人＋物**〉の形で使える動詞のグループがあります。文型で言うと第4文型（SVOO）です。この形で使える主な動詞は、give のほか lend（貸す）、send（送る）、show（見せる）、tell（話す）など。これらは (b) のように〈**S＋V＋物＋to＋人**〉で言い換えることができます。

### 〈S＋V＋人＋物〉の形が基本

実際に (a) と (b) のどちらがよく使われるかと言えば、**(a) を使うのが基本**です。ただし、「人」が長い語句のときは (b) の形を使います。

(2) I'll give <u>this</u> to <u>anyone who wants it</u>.
　　　　　　物　　　　　人

（ほしがる人なら誰にでもこれをあげます）

なお、「犬にえさをやる」は feed a dog、「花に水をやる」は water flowers と言います。一緒に覚えておきましょう。

## Question about English 134
動詞の語法

# 「私の仕事を手伝ってくれる？」を Can you help my work? と言えますか？

Can you help my work? は間違い。次の文が正解です。
(1) Can you **help** me **with** my work?
　（私の仕事を手伝ってくれますか）
＊ help A[人] with B[仕事など] ＝ A の B を手伝う
つまり「仕事を手伝う」ではなく「私を手伝う」と表現します。

## 動詞の後ろに置く形が重要

英語の動詞は後ろに置く形がそれぞれ決まっています。日本人が間違って使いやすい動詞をいくつか挙げておきます。
(2) 君は彼女に謝るべきだ。
　→ You should **apologize to** her [× apologize her].
＊ to を落としやすいので注意。
(3) 彼はどこの大学を卒業したのですか。
　→ What university did he **graduate from**?
＊ from を落としやすいので注意。
(4) 私はジムに通うのをやめました。
　→ I've **stopped going** [× to go] to the gym.
＊ stop + -ing ＝〜するのをやめる（→120）
(5) 彼にはビジネスで成功してほしい。
　→ I **hope** [× want] (that) he'll succeed in business.
＊ want の後ろに that 節は置けません。I want [× hope] him to succeed in business. なら可。

**Question about English 135**

使役動詞

## The movie made me cry. (その映画を見て私は泣いた)という文で cry (原形)を使うのはなぜですか？

　学校英語では、「〜させる」という意味を持つ **make・let・have** の3語を**使役動詞**と言います。
　(1) The movie **made** me **cry**.（その映画を見て私は泣いた）
　　　　S　　　　V　　O　C
　この文は5文型で言うと第5文型（SVOC）で、〈**make ＋ O ＋ 動詞の原形**〉が「Oに〜させる」という意味を表しています。

### make・let・have は例外的な動詞

　ところで、「Oに〜させる」という意味を含む動詞は、上の3語以外にもたくさんあります。
　(2) The injury **caused** him **to die**.
　　（彼はその傷が原因で死んだ）
　この文の場合、〈**cause ＋ O ＋ to do**〉は「Oが〜する原因となる、Oに〜させる」です。このように後ろに〈O ＋ to do〉の形を置いて「Oに〜させる」のような意味を表す動詞は、**tell/order**（命じる）、**force**（強制する）、**allow/permit**（許す）、**enable**（可能にする）などたくさんあります。つまり、**make・let・have の3語だけが例外**だということ。これらの動詞ももともとは cause などと同じように使っていましたが、何かの理由（使用頻度が高いなど）で to が脱落して、動詞の原形を使うようになったと考えられます。ちなみに help はどちらの形を使ってもかまいません。
　(3) **Help** me (**to**) **cook** dinner.（夕食を作るのを手伝ってよ）

## Question about English 136
### getの基本的な意味

# 「本屋に入る」を get into a bookstore と言えますか？

「本屋に入る」の英訳としては、enter a bookstore（または go into a bookstore）が普通の言い方です。

(1) I **entered** [went into] a bookstore on my way home from work.
（私は仕事帰りにある本屋に入った）

一方、「手に入れる」という訳語からもわかるとおり、**getにはしばしば努力のニュアンスが伴います**。get into は「苦労して～の中へ入る」という状況で使います。だから get into a bookstore とは「本屋に押し入る」意味に誤解されかねません。

## getには努力のニュアンスが伴う

次の例も同様です。

(2) 誰かに車で迎えに来てもらうよ。
→ I'll **get** someone **to pick** me up.

〈get + O + to do = Oに～してもらう〉の形は、「Oが～するという状況を（苦労して）手に入れる」だと考えることができます。

＊ I'll have someone pick me up. とも言いますが、こちらは「誰かに命じて車で迎えに来させる」というニュアンスに近い表現です。

(3) 私は6時にホテルに着いた。
→ I **arrived at** [**got to**, △ **reached**] the hotel at six.

＊ arrive at は単に「到着する」の意味。reach は「時間をかけて[苦労して]たどり着く」というニュアンス。get to は両方の場合に使えます。単に「着いた」と言う場合には reach は使いません。

## Question about English 137

give と get の意味

# give と get の本質的な意味は何ですか？

**give は「出す」、get は「入ってくる」の意味**だと考えるとよいでしょう。「与える」とか「手に入れる」という日本語にこだわると、たとえば次のような文が作れません。

(1) Don't **give** me your cold.（私にかぜをうつさないで）
＊直訳は「あなたのかぜを私に与えてはいけない」。

(2) I **got** a cold from you.（君のかぜがうつっちゃった）
＊直訳は「私はあなたからかぜを手に入れた」。

## give は〈give ＋人＋物〉の形が基本形

また、133 でも説明したとおり give は〈**give ＋人＋物**〉の形が基本形で、次のような文も作れます。

(3) She **gave** me a friendly smile.
（彼女は私に親しげにほほえんだ）

(4) **Give** me a break.（勘弁してよ［いいかげんにしろ］）

一方 get は、次のようなさまざまな形で使うことができます。

(5) I **got** tired.（疲れたよ）＊SVC

(6) I'll **get** the phone.（ぼくが電話に出るよ）＊SVO

(6) I'll **get** you a drink.（飲み物を持ってきてあげる）＊SVOO

(7) I'll **get** the bath ready.（お風呂のしたくをするよ）＊SVOC

give と get は日常的にとてもよく使う動詞なので、いろんな言い方の知識を増やしていきましょう。

| Question about English | 138 |
|---|---|

take と bring の意味

# 「洗濯物を取り込むのを手伝って」の「取り込む」は take in ですか？ bring in ですか？

母親が息子に次のように言うとしましょう。

(1) 洗濯物を取り込むのを手伝って。

→ (a) Help me **take in** the laundry.

(b) Help me **bring in** the laundry.

母親が屋外にいれば、「家の中に持って行きなさい」の意味で (a) を使います。一方、母親が屋内にいれば「家の中に持って来なさい」の意味で (b) を使います。では、母親が屋外で洗濯物を抱えて家へ向かっている最中ならどうでしょう。この場合は、母親の意識の違いによって (a)(b) の両方が使えます。外が基準なら (a)、家の中が基準なら (b) を使うわけです。つまり **take は「基準の場所から離れる」、bring は「基準の場所に近づく」**ということです。

## 「相手のところへ行く」は go ではなく come

この関係は、go と come にも当てはまります。

(2) いつあなたの事務所に行けばいいですか？

→ When should I **come** [ × go] to your office?

このような場合は相手に敬意を表して、相手の事務所を基準に考えます。つまり**「相手のところへ行く」は go ではなく come で表します**。同様に「相手のところへ持って行く」は、take ではなく bring で表すことになります。

(3) パーティーに何か持って行こうか？

→ Should I **bring** [ × take] something for the party?

## Question about English 139

keep と leave の意味

「彼女を待たせておく＝（　）her waiting」の空所に入るのは、keep ですか？ leave ですか？

たとえば「彼女を待たせておくな」の英訳は、Don't keep her waiting. とするのが自然です。leave を入れることもできますが、wait の場合は keep を使うのが普通です。

(1) 待たせてごめんね。→ I'm sorry to **keep** you **waiting**.

一般的には次のように言えます。

> ・**keep** ＋ O ＋ C ＝ O が C である状態を保つ
> ・**leave** ＋ O ＋ C ＝ O が C である状態を放置する

### keep と leave の使い分け

leave は「放置する」の意味で、基本的に後ろはネガティブな内容です。一方 keep はよい意味でも悪い意味でも使います。

(2) 私を一人にしておかないで。
　→ Don't **leave** me **alone**.
(3) 水を出しっぱなしにしたのは誰だ。
　→ Who **left** the water **running**?
(4) ドアは閉めたままにしておきなさい。
　→ **Keep** the door **closed**.
(5) その騒音で一晩中眠れなかった［目覚めたままだった］。
　→ The noise **kept** me **awake** all night.

なお keep は、〈keep ＋ C〉の形で使うこともできます。

(6) I **kept** (on) **running**.（私は走り続けた）

## Question about English 140
take・cost を使った表現

# 「駅まで(歩いて) 10 分です」を It's ten minutes to the station. と言えますか？

その文でも意味は通じますが、オーソドックスな表現として **It takes** ten minutes to walk to the station. を覚えておきましょう。

(1) この報告書を書くのに（私は）3 時間かかった。
- → (a) It **took** (me) 3 hours to write this report.
- (b) It **took** 3 hours for me to write this report.
- (c) I **took** 3 hours to write this report.
- (d) This report **took** me 3 hours to write.

これらの文の take は「(〜の時間を) 必要とする」という意味です ((a)(b) の It は形式主語)。疑問文の形も見ておきましょう。

(2) この報告書を書くのに（あなたは）どのくらいの時間が [何時間] かかりましたか。
- → **How long** [How many hours] did it **take** (you) to write this report?

## 「〜の金額がかかる」には cost を使う

一方、「〜の金額がかかる」は cost を使って次のように言います。

(3) その修理に（私たちは）5 万円かかった。
- → The repairs **cost** (us) 50 thousand yen.
  - ＊動詞の cost は過去形・過去分詞も cost。

(4) そのチケットを手に入れるのにいくらかかりましたか。
- → **How much** did it **cost** (you) to get the ticket?

## Question about English 141
「話す」「言う」を意味する動詞

# speak, tell, talk, say はどう使い分ければよいですか？

　まず意味の面から考えてみましょう。**speak** は「**言葉を発する**」、**say** は「**口に出して言う**」という意味で、これらは必ずしも相手を必要としません。

(1) Tom **speaks** Japanese well.（トムは日本語を上手に話す）

(2) The **boss** said nothing.（上司は何も言わなかった）

　一方 **tell** は「**(人に) 伝える**」、**talk** は「**会話をする**」という意味で、話す相手が目の前にいることを前提とした語です。

(3) **Tell** me the truth.（私に真実を話しなさい）

(4) Let's **talk** about the matter.（その問題について話そう）

## 後ろに置く形の違いに注意

　次に、形の面からいくつかの注意点を確認してみます。

(5) He **said** that he won't go.（自分は行かないと彼は言った）

＊〈＋ that 節〉の形で使えるのは say のみ。

(6) (a) The boss **told** me to rewrite the report.

　　(b) The boss **told** me that I should rewrite the report.

（上司は私に報告書を書き直すよう言った）

＊ tell の後ろには人（伝える相手）を置きます。

(7) Who is **speaking** [**talking**] to the manager?

（誰が部長と話しているのですか）

＊ talk、speak は普通は自動詞。say、tell は普通は他動詞。

| Question about English 142 | 「会う」の意味の **meet** と **see** は どう使い分ければよいですか？ |

「会う」を意味する動詞

一般的な用法としては、**meet** は「**(申し合わせて) 面会する**」、**see** は「**(偶然) 出会う**」という意味です。

(1) (a) I **met** him at the coffee shop.（彼と喫茶店で面会した）
　　(b) I **saw** him at the coffee shop.（彼を喫茶店で見かけた）

## meet と see の使い分け

meet と see には、次のようないろんな使い方があります。

(3) Did you **meet** anyone you know at the reception?
　（レセプションで誰か知った人に会いましたか）
　＊ meet は「偶然会う」の意味でも使います。また「彼に偶然会う」は happen to meet him とも表現できます。

(4) I'm sorry, but I can't **meet** your request.
　（すみませんが、ご要望にはお応えできません）
　＊ meet は「(要求に) 応じる」という意味でも使います。また、meet the deadline（締め切りに間に合う）のような使い方もあります。

(5) I have a toothache. I have to **see** a dentist.
　（歯が痛い。歯医者にみてもらわなくちゃ）
　＊ see は「(医者に) 診察してもらう」という意味でも使います。

(6) Do you **see** what I mean?
　（私の言いたいことがわかりますか？）
　＊ see には「理解する (understand)」の意味もあります。I see.（わかりました）などの see もその意味です。

## Question about English 143
### コロケーションとイディオム

# コロケーションとイディオムの違いは何ですか？

　コロケーション (collocation) とは、単語と単語の慣用的な結びつきのことです。こんなイメージでとらえるとよいでしょう。

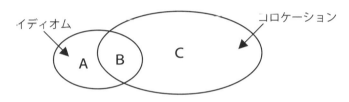

例で説明してみましょう。

　(A) **take place**（行われる）には、take（取る）と place（場所）の意味が残っていません。これが（狭い意味での）イディオムの例です。

　(B) **take off**（〜を脱ぐ）には、take（取る）と off（外して）の意味が残っています。これはイディオムとして辞書に見出しが載っており、コロケーションでもあります。

　(C) **take a bath**（入浴する）にも take と bath の意味が残っていますが、イディオムと言うほどのものではないので辞書には見出しが載っていません。これは単なるコロケーションです。

　特に〈**動詞＋名詞**〉〈**形容詞＋名詞**〉のコロケーションは、できるだけ多く覚えておきましょう（→ 144 / 146 ）。

## Question about English 144
〈動詞＋名詞〉の コロケーション

# 「薬を飲む」を drink medicine と言えますか？

　drink は液体を飲むときに使うので、水薬なら drink medicine と言うこともあります。しかし一般的に「薬を飲む」は **take medicine** と言います。このように動詞の選択を誤りやすい例をいくつか見ておきましょう。

(1) 私の家までの地図をかいてあげましょう。
　　→ I'll **draw** [ × write] a map to my house for you.
　＊ draw は「線で描く」。write は文字を書くときに使います。

(2) ホテルまでタクシーに乗ろう。
　　→ Let's **take** [ × get on] a taxi to the hotel.
　＊ get on は「（大型の車などに）乗り込む」で、タクシーに乗り込むときは get into a taxi と言います。ただし上の文では「利用する」と考えて take を使います。

(3) その大学に合格したい。
　　→ I want to **get into** [ × pass] the university.
　＊「大学に入りたい」と表現します。pass を使うなら pass the entrance examination to the university と言います。

(4) 私はその申し出を受け入れた。
　　→ I **accepted** [ × received] the offer.
　＊ accept は「受け入れる」。received だと「受け取った」の意味になり、承諾したかどうかは不明です。

## Question about English 145
意味の紛らわしい動詞の選択

## レンタルショップで DVD を 1 枚借りた場合、I borrowed a DVD. と言えますか？

いいえ。正しくは I **rented** a DVD. です。borrow は無料で借りる場合に使い、有料の場合は rent です。図書館で本を借りるのは borrow a book、レンタルショップでコミックを借りるのは rent a comic (book) です。

### 使い方に注意すべき動詞

(1) どうやって彼女と知り合うようになったの？
  → How did you **come** [ × become] to know her?
 ＊「～するようになる」は〈come to do〉で表します。become は不可。

(2) 渋谷駅へはどの道を通って行けばいいですか。
  → How can I **get** [ × go] to Shibuya Station?
 ＊道順を尋ねるときは get to (～に着く) を使います。go だと交通手段を尋ねることになります。

(3) この（デスクトップの）パソコンを借りてもいい？
  → Can I **use** [ × borrow] this computer?
 ＊ borrow は移動するものに使います。

(4) また電車の中に傘を忘れた。
  → I **left** [ × forgot] my umbrella on the train again.
 ＊ leave は「～を置き忘れる」。

(5) テニスクラブ［サークル］に入りたい。
  → I want to **join** [ × enter] the tennis club.
 ＊ enter は「場所に入る」が基本的な意味。

| Question about English | **146** |
|---|---|
| 〈形容詞＋名詞〉の コロケーション | |

# 「円安」を cheap yen と言えますか？

いいえ。普通は **weak yen**（弱い円）と言います。日本の経済は円安の方が好都合なことも多いけれど、決まり文句として覚えましょう。「円高」は **strong yen** です。

## 覚えておきたい＜形容詞＋名詞＞の定型表現

(1) この狭いアパートから引っ越したい。
　→ I want to move out of this **small** [ × narrow] **apartment**.
＊ narrow は「幅が狭い」の意味。反意語は wide（幅が広い）。

(2) 大雨のせいで外出できなかった。
　→ I couldn't go out because of **heavy** [ × big] **rain**.
＊「激しい交通」は heavy traffic。

(3) 彼は重い病気にかかっている。
　→ He suffers from a **serious** [ × heavy] **illness**.
＊ serious は「深刻な」。

(4) このパソコンは安い値段で買った。
　→ I bought this computer at a **low** [ × cheap] **price**.
＊「低い値段」と表現します。

(5) コーヒーは濃いのが好きです。
　→ I like my **coffee strong** [ × thick].
＊コーヒーやお茶は strong・weak で「濃い」「薄い」を表現します。

## Question about English 147
形容詞の選択①

# 「このマンガは面白い」をThis comic is interesting. と言えますか？

**interesting** は interest（〜の興味を引く）という動詞からできた形容詞で、「興味深い」という語感を持つ言葉です。マンガにはいろんな種類のものがあるので、たとえば社会問題を扱った作品や特定のジャンルの専門的な知識を与えてくれる作品は an interesting comic（興味深いマンガ）と表現してもかまいません。しかし娯楽色の強い作品なら、This comic is **enjoyable** [**funny**]. など別の形容詞を使う方がいいでしょう（enjoyable＝楽しい、funny＝愉快な）。

## お化け屋敷はゴースト・ハウスではない

日本人が迷いそうな例をいくつか見ておきます。

(1) 明日は晴れるといいね。
  → I hope it's **sunny** [△ fine] tomorrow.
  ＊fine（よい）は天気以外にも使うので意味があいまい。

(2) あのお化け屋敷に入ろう。
  → Let's go into that **haunted** [× ghost] house.
  ＊haunt は「（幽霊などが場所に）出没する」の意味。

(3) その誤りは初心者によく見られる。
  → This mistake is **common** [× popular] to beginners.
  ＊common は「ありふれた」、popular は「人気がある」。

## Question about English 148
### 形容詞の選択②

# 「(ホテルの)空き部屋」を英語に直すと empty room ですか？

　いいえ。ネイティブが empty room と聞くと「(家具のない)空っぽの部屋」と解釈するでしょう。たとえば「空き部屋はありますか？」と尋ねるには、次のように言います。

　(1) Is there a room **available** (for tonight)?
　　((今夜)利用できる[空いている]部屋はありますか)

　語順に注意。「利用できる」というのは一時的な状態だから、available room とは言いません（それだと「常に開いている」というニュアンスになります）(→20)。

　＊乗り物の「空席」は an empty [a vacant] seat と言います。

## 日本語からの類推で誤りやすい形容詞

　(2) ここは自由席ですか。
　　→ Is this a **non-reserved** [× free] seat?
　＊「予約されていない」と表現します（unreserved でも可）。free seat だと「無料の席」と解釈されます。

　(3) 私は田舎暮らしを楽しんでいます。
　　→ I enjoy **rural** [× local] life.
　＊ country life でもOK。local は「地元の」。日本語の「ローカルな[田舎の]」という意味はありません。

　(4) 先日中古車を買いました。
　　→ I bought a **used** [× an old] car the other day.
　＊ old car は（new car に対して）「古い[前に乗っていた]車」。

**Question about English 149**

形容詞の選択③

# 「彼女と一緒のところを見られて恥ずかしかった」の「恥ずかしい」に当たる英語は何ですか？

「恥ずかしい」の意味の形容詞として多くの日本人が最初に思い浮かべるのは、たぶん **ashamed** でしょう。これは shame（恥）をもとにした語で、「道徳的に恥ずかしい」という意味です。だから質問のような状況では使えません。

(1) 彼女と一緒のところを見られて恥ずかしかった。

→ I was **embarrassed** when I was seen with my girlfriend.

embarrassed は「ばつが悪い」という意味の恥ずかしさを表す形容詞です。「恥ずかしい」に当たる語としては、最初にこれを思い浮かべるのがベター。なお **shy** は「（対人関係で）内気な」の意味で、a shy boy（内気な少年）のように使います。

## 意味が紛らわしい形容詞

(2) 乗る電車を間違えた。

→ I took a **wrong** [ × mistaken] train.

＊ wrong は right の反意語。Sorry, wrong number.（すいません、電話番号を間違えました）のような言い方もあります。mistaken は I was mistaken.（思い違いをしていた）のように使います。

(3) 彼はいつも地味な服を着ている。

→ He always wears **plain** [ × dark] clothes.

＊「地味な」は plain、simple、quiet などで表せます。「派手な」は loud、gaudy など。dark は「（色が）濃い、黒ずんだ」。

many と much と a lot of

# many と much と a lot of は、どう使い分ければよいですか？

次のように覚えておくとよいでしょう。

> ・肯定文中では **a lot of**（や **lots of**）を使う。
> ・疑問文や否定文中では **many/much** を使う。

(1) I spent **a lot of** [ △ much] money during the vacation.

（私は休暇中にたくさんお金を使った）

＊特に much は、肯定文中で使うと堅苦しく感じられます。

(2) I did**n't** spend **much** [ △ a lot of] money during the vacation.

（私は休暇中にあまりお金を使わなかった）

＊ not + many/much ＝あまり（多くは）〜ない

ただし、次のような決まった形は肯定文でも普通に使います。

(3) Eating **too much** is bad for your health.

（食べすぎるのは健康に悪い）

## a lot of のバリエーション

lots of は a lot of を強めた口語的な言い方です。「a lot よりも lots の方が多い感じがする」ということです。また、a lot だけで「たくさん」の意味を表すこともできます。

(4) I know **a lot** [ △ much] about him.

（私は彼についてはたくさん（のことを）知っている）

＊「あまり知らない」は I don't know much about him. がベター。

## Question about English 151 「全部」を表す表現

# 「全部」の意味の all, ever, any は、どう使い分ければよいですか？

たとえば「子どもはみんなこのアニメが好きだ」を、次の3つの英文で表現してみましょう。

(1) **All** children like this anime.
(2) **Every** child likes this anime.
(3) **Any** child likes this anime.

(1) は「子どもたち全員」を1つの集団としてとらえた言い方です。(2) も「子どもたちはみんな」ということで、意味に大差はありません。(3) の any child は「(たとえ) どの子を選んでも」という仮定のニュアンスがあります。だから、**過去形の文では any は使えません**。

(4) 子どもたちはみんなパーティーを楽しんだ。
　→ ○ (a) **All** (the) children enjoyed the party.
　　　○ (b) **Every** child enjoyed the party.
　　　× (c) Any child enjoyed the party.
＊ all the children (その子どもたち全員) の the は省略可能。

逆に「any は使えるが every/all は使えない」場合もあります。

(5) 君は自分が好きな男性なら誰とでも結婚できる。
　→ ○ (a) You can marry **any** man you love.
　　　× (b) You can marry every man [all men] you love.
＊ any man は「どの (1人の) 男性を選んでも」。×の文は「好きな男性全員と結婚できる」という不自然な意味になります。

## Question about English 152

「いくつかの」の表し方

# some eggs, a few eggs, several eggs のうち、卵の数が一番多いのはどれですか？

　一概には言えません。several eggs は「数個の卵」で、だいたい3〜6個くらいのイメージです。似た表現に a few eggs（いくつか［少し］の卵）があります。両者の違いは、**several には「多い」、a few には「少ない」のニュアンスがある**ことです。

(1) There are **several** eggs in the refrigerator.
　（冷蔵庫に卵がいくつか入っている）
(2) There are **a few** eggs in the refrigerator.
　（冷蔵庫に卵がいくつか［少し］入っている）

冷蔵庫に入っている卵の数が3個でも8個でも、(1)(2)の両方を使うことができます。「冷蔵庫には10個近い卵が入っているけれど、それではちょっと少ない」と本人が感じていれば、(2)を使ってもかまいません（「少ししかない」という否定的な気持ちがより強いときは few eggs と言います）。

　一方、**some eggs には「多い」とか「少ない」という含みはなく**、「（具体的な数はよくわからないが）いくつかの卵」と言うときに使います。だから、極端に言えば卵の数が2個でも100個でも some eggs と言うことはできます。結局、several、a few、some の間で絶対的な数の多少を比べることはできないということです。

## Question about English 153

範囲を区切る表現

# children under 6 は「6歳以下」ですか？それとも「6歳未満」ですか？

　children **under 6** は「6歳未満の子」の意味で、6歳は含みません。「6歳以下の子」は children **6 and under**（6歳とそれ未満の子）と表現します。英語では一般に、数字などの範囲を区切る語句はその後ろの数字を含まないのが原則です。たとえば **before/after、over/under、above/below、more [less] than、until** などがそうです。

(1) My score on the test will be **under** 80.
　（私のテストの点数は 80 点より低い［79 点以下］だろう）

(2) Could you call me **after** 1 a.m.?
　（午後 1 時より後に電話していただけますか）
　＊ 1 は含まないので、1 時に電話してはいけません。

(3) We need **more than** three computers.
　（私たちには 4 台以上のコンピュータが必要だ）
　＊ 3 は含みません（「3 台以上」ではありません）。

(4) Closed **until** May 6.
　（5 月 6 日［7 日］から開業）《掲示》
　＊「6 日は閉店期間に含まれない」という解釈のほかに「6 日まで閉店（7 日から開業）」という解釈も可能なので、その意味なら Closed until May 6 (inclusive). などとします（inclusive ＝ 5 月 6 日は閉店期間に含む）。

## Question about English 154
### 名詞の副詞化

# this morning（けさ）は、なぜ in this morning と言わないのですか？

　this morning（けさ）は、**名詞（句）が副詞（句）の働きをする**ようになった例です。似た例を挙げてみましょう。

(1) I studied (for) **two hours**.（私は2時間勉強した）

「〜の間」の意味の for はしばしば省略されます（→116）。そして(1)で for を省略した場合、two hours は「形は名詞（句）、働きは副詞」ということになります。同様に this morning も、前にあった前置詞（on）が省略されたと考えることができます。

　名詞（句）が副詞の働きをするケースは、英語ではごく普通に見られます。

(2) It was cold **today**.（今日は寒かった）

(3) I was **10 minutes late**.（私は10分遅刻した）

　これらの文の下線部は形の上では名詞（句）ですが、省略しても文が成り立つから修飾語（副詞）の働きをしていることになります。

## 名詞（句）が接続詞の働きをするケース

**名詞（句）が接続詞の働きをする**こともあります。

(4) I love you **the way** you are.
　　（ありのままのあなたを愛しています）＊ the way = as

(5) **Next time** I go there here, I'll take a taxi.
　　（今度そこへ行くときはタクシーを使います）

## Question about English 155 「私は酒もたばこもやりません。= I don't drink ( ) smoke.」の ( ) に入るのは、and と or のどちらですか？

「どちらも〜ない」の表し方

or です。

(1) 私は酒もたばこもやりません。

→ ◯ (a) I do**n't** drink **or** smoke.

　　= I neither drink nor smoke.

　× (b) I do**n't** drink **and** smoke.

　　= I don't both drink and smoke.

(a) は not ＋ or で両方を否定することになります。一方 (b) は「私は飲酒と喫煙の両方をするわけではない［片方はする］」という意味に解釈されます。英文法の用語で言うと、(a) は**全（体）否定**、(b) は**部分否定**です。

## 部分否定を使わない工夫

部分否定は回りくどく響くので、別の言い方をする方がいいこともあります。たとえば (b) は、I drink, but I don't smoke. などと言えば済みます。次の例も同様です。

(2) 私の同僚みんなが仕事熱心なわけではない。

　→ Some of my colleagues aren't hard workers.

　＊部分否定で表せば Not all my colleagues are hard workers.。

(3) 私はいつも早起きするわけではない。

　→ I sometimes get up late.

　＊部分否定で表せば I don't always get up early.。

## Question about English 156
### 一般の人々を表す代名詞

# 「一般の人々」を表すには、weとyouのどちらを使う方がよいですか？

　たとえば「何が起きるかわからない」は、**You** can't tell what will happen. と表現するのがベターです。他に People を入れることもできますが、One は堅苦しく響くので避けましょう。

　「一般の人々」の意味で we を使うと、「他の人々ではない我々」という響きを持つことがあります。つまり We can't tell what will happen. だと「(何が起きるかわかる人もいる (かもしれない) が) <u>私たちにはわからない</u>」というニュアンスになるわけです。

## we Japanese とは言わない方がよい

　似た理由で、次のような文は好ましくありません。

　(1) <u>We Japanese</u> like baseball.
　　（私たち日本人は野球が好きです）

　まず「私たち日本人」と言うと、まるで自分が日本人を代表しているかのように響きます。また、実際には野球が好きではない日本人もたくさんいるのだから、事実にも反しています。要するに、**むやみに we（私たち）という言葉を使うのは避ける方がいい**ということです。

　ただし、次のような文なら問題ありません。

　(2) <u>We</u> have a lot of rain in June in Japan.
　　（日本では6月にたくさん雨が降ります）

　この文では、主語を you、people、they にすれば他人事のように響くので、we を使うのがベストです。

## Question about English 157
### 文の形を調える記号としての it

# It's 9.（9時です）の it はどういう意味ですか？

　It's 9. の it には実質的な意味はありません。ではなぜ it を使うのかと言えば、主語の位置に置く適切な語が選びにくいために「とりあえず it でも置いておこう」という感覚で使われているのです。

　英語の文は、〈S + V〉を最初に置くのが基本です。では「9時です」という文のSは何でしょうか？　正確に言えば「現在の時刻（the present time）は9時です」ということだから、The present time is 9. でも間違いではありません。しかし、もっとシンプルに下線部を it で置き換えて、**It**'s 9. とも言えます。数字だけでは何を表すのかあいまいだと思えば、It's 9 o'clock. と言えばOKです。

## 文の形を整えるために使う it

　**it は時間・距離・天候・その場の状況などを表す文の主語として使うことができます**。一種の記号だと考えればよいでしょう。次のような文中の it も同様です。

　(1) **It**'s hot today.（今日は暑い）＊Today is hot. とも言います。

　(2) **It**'s getting cold.（寒くなってきた）

　(3) **It**'s about two miles from here to the station.
　　（ここから駅まで約2マイルです）

　(4) Take **it** easy.（気楽にいこうよ［じゃあまたね］）

　(4) のようにその場の状況をばくぜんと表す it を、**状況の it** と言います。(4) の直訳は「it（その場の状況）を楽に受け取りなさい」です。このような it は日常的によく使われます。

## Question about English 158

理由を表す接続詞

# 「〜なので」の意味の as と because には、どんな違いがありますか？

as と because の違いを短くまとめると、次のようになります。

> - **as** ＝君も知っているとおり〜だから
> - **because** ＝なぜなら〜だから（理由の方に重点がある）

次の例で説明してみましょう。

(1) (a) **As** I'm poor, I can't buy a car.
　　(b) I can't buy a car **as** I'm poor.
(2) (a) **Because** I'm poor, I can't buy a car.
　　(b) I can't buy a car **because** I'm poor.

(1) (a) は「君も知ってのとおりぼくは貧乏だろ、だから車を買えないんだ」、(1) (b) は「ぼくは車を買えないんだ、君も知ってのとおり貧乏だから」ということ。つまり (a) でも (b) でも、下線部は補足的な説明です。

＊ since（〜なので）は as とほぼ同じ意味と考えてかまいません。

## 理由に重点を置くときは because を使う

一方(2) の (a)(b) は、理由を語ることに重点が置かれています。(a) は「なにしろ貧乏なんだよ、だから車を買えないんだ」、(b) は「車は買えないよ、だって貧乏なんだから」という感じです。英語では重要な情報を文末に置く傾向があるので（→206）、「車を買えない理由」を語りたいときは(2) (b) を使うのがベストです。

## Question about English 159 「学校へ行く」を go school と言わないのはなぜですか？

前置詞の働き

「学校へ行く」は go **to** school と言います。go（行く）＋ to（〜へ）＋ school（学校）ということです。この to のように名詞の前に置いて、日本語の助詞に近い働きをする語が前置詞です。主な前置詞には、to のほか **at**（〜に）、**by**（〜のそばに）、**for**（〜のために）、**from**（〜から）、**in**（〜の中に）、**on**（〜の上に）、**under**（〜の下に）、**with**（〜とともに）などがあります。

一方、たとえば「本を読む」は read a book です。つまり**「を」に当たる前置詞はありません**。これはなぜかと言うと、英語では**「動詞＋名詞＝〜を…する」という形が基本**だからです。

- eat a cake（ケーキを食べる）
- live in Tokyo（東京（の中）に住む）

### 「を」「に」などと前置詞の注意すべき関係

ただし、〈動詞＋名詞〉が「〜に…する」などの意味になることもあります。また、「〜を…する」の意味でも前置詞が必要なこともあります。これらは1つずつ覚えていきましょう。

- enter a room（部屋に入る）
- look at a star（星を見る←星に目を向ける）
- listen to music（音楽を聞く←音楽に耳を傾ける）

| Question about English | 160 |
|---|---|

## 「学校へ行く」は go to school なのに、「家へ帰る」を go to home と言わないのはなぜですか？

副詞と前置詞

home は「家へ、家に、家で」という意味の**副詞**として使います。つまり、**home 自体に「〜へ」の意味が含まれています**。だから、**go**（行く）＋ **home**（家へ）で「家へ帰る、帰宅する」の意味になります。**go abroad**（外国へ行く）、**go downtown**（繁華街へ行く）なども同様です。

ただし、home は「家」という意味の名詞としても使います。

(1) I **stayed** (**at**) **home** all day last Sunday.
　　（先週の日曜日は1日中家にいた）

この at は入れてもかまいません（stay at home の home は名詞）。逆に work **part-time**（非常勤で働く、アルバイトをする）や buy a ticket **online**（オンライン［インターネット］でチケットを買う）などの下線部は（前に前置詞がないから）副詞です。

### 修飾語が重要な意味を持つこともある

113 では「修飾語は取り除いても文の骨組みが崩れない」と説明しました。

(2) I came home at six.（私は6時に帰宅した）
　　　　　　副詞　　副詞

下線部はどちらも副詞ですが、これらを省いた I came. は意味不明な文になります。つまり(2)では、2つの副詞が重要な意味を持っています。このように修飾語も重要な情報を伝えることに注意しましょう。

## Question about English 161 — up・down の意味

# go down the street は「通りを下る」という意味ですか？

たとえば Go down the street. は「通りをずっと（向こうへ）行きなさい」という意味です。下り坂になっているわけではありません。

**up** には「**近づいて来る**」、**down** には「**離れて（先の方へ）行く**」という意味があります。例を見てみましょう。

(1) The summer vacation is **coming up**.

　（夏休みが近づいている）

　＊ come up は「近づいて来る」。coming up は coming soon とも言います。「近日公開」という（映画などの）広告には、よく COMING SOON と書かれています。

(2) We **walked down** the hall to the dining room.

　（私たちは廊下を歩いて（進んで）食堂へ行った）

## 「上京する」「上り電車」の英訳は？

「上京する」という日本語は、**go to Tokyo** と訳すのが無難です。go up to Tokyo だと「北上して東京へ行く」と誤解されるおそれがあるからです（up には「北へ」、down には「南へ」の意味があります）。同じ理由で「上り［下り］列車」も、up [down] train よりも **inbound [outbound] train** と言うのがベター（inbound ＝市内へ向かう、outbound ＝市外へ出る）。ちなみに、アメリカでは交差する大通りのうち南北の通りを **avenue**、東西の通りを **street** と言います。

## Question about English 162
### 代名詞の使い分け①

# 「(君が手に持っている)それは何？」を What's it？と言えますか？

言えません。

(1) (君が手に持っている) それは何？
　→ What's **that** [ × it] (in your hand)?

this は自分に近いもの、that は自分から遠いものを指します。相手が持っているものも（自分からは遠いので）that で表します。

(2) What's in this [**that**] box?
　（この［その］箱に入っているのは何？）

一方 it は「前に出てきたもの」を受けて使う言葉です。

(3) "What's that?" "**It**'s [ × That's] a toy gun."
　（「それは何？」「おもちゃの拳銃だよ」）

ところが多くの日本人は「it＝それ」「that＝あれ」と覚えているために、「それは何？」を What's it? と誤って言う人もいます。参考までに次の例も見ておきましょう。

(4) (離れたところにいる人を指して) 彼は誰ですか？
　→ Who is **that man** [ × he]?

he（彼）は、it と同じように「前に出てきた人」を指して使う言葉です。したがって(4)の問いに対して He is my boss.（彼は私の上司です）と答えることはできますが、いきなり Who is he? と言うと誰のことだかわかりません。

## Question about English 163
### 代名詞の使い分け②

# 「私はそれを知っています」の英訳は I know it. と I know that. のどちらが適切ですか?

状況しだいです。一般的な傾向としては、「それ」の意味で前の名詞(句)を指すときは it を使います。前の内容を指して「そのこと」という意味を表すときは、that の方が好まれます。

(1) The book is called "Hibana." Did you read **it** [ × that]?
 (その本の題名は「火花」だ。君はそれを読んだかい?)

(2) I heard Meg is getting married. Did you know **that** [ △ it]?
 (メグは結婚するそうだ。君はそれを知っていたかい?)

(3) "Is the book called 'Hibana'?" "**That**'s [ × It's] right!"
 (「その本の題名は「火花」かい?」「そのとおり!」)
 ＊返答の文は前の発言の内容を指して「そのこと[今君が言ったこと]は正しい」という意味を表すので that を使います。

## so を使った決まり文句

so(そう)を使った次のような形も知っておきましょう。(→56)

(4) "Will the novel win an award?" "**I think so.**"
 (「その小説は賞を取るだろうか」「そう思うよ」)
 ＊ I think that the novel will win an award. の下線部を so で言い換えた形。

(5) "I feel sick. I shouldn't have eaten so much." "**I told you so.**"
 (「気分が悪い。あんなに食べるんじゃないかった」「だから言ったでしょ」)
 ＊ so = that you shouldn't have eaten so much

## Question about English 164
接続詞のthatの省略

# I think (that) ～（～と思う）の that が省略できるのはなぜですか？

**接続詞の that は、原則として省略可能**と考えてかまいません。

(1) I remember **(that)** my father would take me to the zoo.
（父がよく動物園へ連れて行ってくれたのを覚えている）
＊remember の目的語となる名詞節を作る that（～ということ）。

(2) My first impression was **(that)** he was hard to please.
（私の第一印象は、彼は気難しい人だということだった）
＊be 動詞の補語となる名詞節を作る that（～ということ）。

(3) I'm glad **(that)** you came to see me.
（君が会いに来てくれてうれしい）
＊glad を修飾する副詞節を作る that（～して）。

(4) It's so hot in this room **(that)** I can't concentrate on work.
（この部屋はとても暑くて仕事に集中できない）
＊so ～ that …（とても～なので）の that。

(5) It's possible **(that)** he doesn't know the schedule change.
（彼は予定の変更を知らない可能性がある）
＊形式主語の it が後ろの that 節を指す形。

ただし、省略すると文の構造がわかりづらくなるようなときは、that を省略しません。たとえば次のような「**同格の that**」です。

(6) I agree with **the idea that** we should give up the plan.
（我々が計画を断念すべきだという考えに賛成です）

## Question about English 165

ever と never

# I have never been to Italy. の never の代わりに not を使えますか？

いいえ（(3) を参照）。never は「決して［一度も］〜ない」の意味で、not より強い否定を表すことがあります。

(1) He **never** tells a lie.（彼は決してうそをつかない）

ただし never の本質的な意味を理解するには、ever と関連づけて次のように考えるとよいでしょう。

(2) Have you **ever** been to Italy?

（今までにイタリアへ行ったことはありますか）

この文に見られるように、ever の本質的な意味は「（たとえ）どの時を選んでも」です。any（どんな〜でも）に時間の意味を加えたのが ever だと考えることもできます。never は not ＋ ever で、**「（たとえ）どの時を選んでも〜ない」**という意味。つまり(1) は、「彼は過去も、現在も、将来もうそをつかない」ということ。それが「決してうそをつかない」という意味につながります。

(3) I have **never** [ × not] been to Italy.

（私はイタリアへ一度も行ったことがない）

この文の場合、「過去から現在までのどの時を選んでも（行ったことがない）」という意味なので、never を使う必要があります。

(4) He does**n't** know [ × never knows] the fact.

（彼はその事実を知らない）

この文は現在のことを語っているだけで、「どの時を選んでも」というニュアンスがないから never は使えません。

4 基本語

## Question about English 166
### 所有格の使い方

# 「私の(勤める)会社」を my company と言ってもかまいませんか?

かまいません。**my company** といえば基本的には「**私の会社**」。特に若いサラリーマンや OL が my company と言えば、「私が勤めている会社」の意味であることは常識的にわかります。次の例も同様です。

(1) 私が乗る予定だった電車は1時間遅れて着いた。
　→ **My train** arrived an hour late.
(2) 私が泊まっているホテルは駅前にある。
　→ **My hotel** is in front of the station.

これらの場合、普通の状況なら my train [hotel] を「私の所有する電車[ホテル]」と誤解する人はいないでしょう。

## 使ってはいけない所有格の例

一方、所有格について次のような間違いが時に見られます。
(3) 姉は最近仕事を見つけた。
　→ My sister found **a** [ × her] job recently.

「なくしたバッグを見つけた」なら found her bag でかまいませんが、「仕事を見つけた」と言う場合には所有格(her)は使えません。「見つけた」時点ではまだ自分のものではないからです。

なお、「会社に勤める」は **work at** a company とも **work for** a company とも言います。at(〜で)は勤務の場所を意識した言い方、for(〜のために)は組織としての会社を意識した言い方です。

## Question about English 167

### A's B と B of A

「私のおじの名前」の英訳は、my uncle's name と the name of my uncle のどちらでもかまいませんか？

いいえ。「私のおじの名前」を the name of my uncle とするのは間違いです。次のように覚えておきましょう。

> A［人］の B → A's B
> A［物］の B → B of A

(1) 私のおじの名前 → ○ (a) **my uncle's name**
　　　　　　　　　× (b) the name of my uncle
(2) 私の会社の名前 → ○ (a) **the name of my company**
　　　　　　　　　△ (b) my company's name

くだけた表現や新聞記事などでは、my company's name のような言い方をすることもあります。一方、「A［人］の B」は A's B で表すのが基本です。ただし次のような場合もあります。

(3) これが私の父の（写っている）写真です。
　→ ○ (a) This is **the photo of my father**.
　　 △ (b) This is my father's photo.
* my father's photo は「父が持っている［父が写した］写真」の意味にもなるので、「父が写っている写真」は the photo of my father と表現する方が誤解が生じません。

(4) これは宇多田ヒカルの曲です。
　→ This is a song **by** [ × of] Hikaru Utada.
*「～によって作られた」の意味で by を使います。

## Question about English 168
### ofに関する注意

# 「英語の試験」は an exam of English と英訳できますか？

いいえ。「英語の試験」は an **English exam** と言います。an exam in English でもかまいませんが、これは「英語での試験」ということです（英語を使った他教科の試験とも解釈できます）。

日本人は「AのB」を常にB of Aと英訳する傾向がありますが、〈A［名詞］＋B［名詞］〉で表せる場合もよくあります。university student（大学の学生）、city life（都会の生活）などもそうです。

## 「の」をof以外の前置詞で表す例

(1) X大学の学生 → a student **at** [ × of] X University

studentはもともと「study（研究）する人」の意味なので、ofを使うと「X大学を研究する人」のように響きます。だから場所を表すatを使って、「X大学にいる学生」と表現します。

(2) 小学校の先生
　　→ a teacher **at** [ × of] an elementary school

これも同じです。ofを使うと「小学校（のスタッフ）を教える人」のような感じになるため、atを使います（an elementary school teacher も可）。

(3) 日本の若者たち → young people **in** [ × of] Japan

「日本の首都」は the capital of Japan ですが、この例では「日本（の中）にいる若者たち」と考えてinを使います。ofだと「若者」が日本という国の一部のように響くので不自然です。

**Question about English 169**

誤りやすい前置詞

## 「会社の同僚」は英語で何と言いますか？

次の例で確認してください。

(1) 会社の同僚たちと飲みに行くんだ。
　→ I'm going for a drink with some **friends from work**.

「同僚」に当たる語は colleague [coworker] ですが、会話で使うには少し堅い感じがします。from は「〜の出身だ」の意味で、I'm Tanaka <u>from</u> X company.（X 社の田中です）のように使います。なお、上の文で some friends を my friends と言うと、ほかに友人がいないようにも響くから気をつけましょう。

## 「高校の友達」は friends from high school

(2) クラス会に行って高校時代の友人たちと会った。
　→ I went to the class reunion and met some **friends from** [ × at] **high school**.

この from も同じです。at だと「高校で会った」の意味に誤解されます。前置詞の選択に注意が必要な例を追加しておきます。

(3) The new school term begins **in** [ × from] April.
　（新学期は 4 月から始まる）
　＊「4 月に始まる」ということ。begin [start] from 〜 とは言いません。

(4) I went shopping **at** [ × to] Mitsukoshi this afternoon.
　（今日の午後、三越へ買い物に行った）
　＊「三越で買い物をする」ということ。「海へ泳ぎに行く」は go swimming in [ × to] the sea。

4 基本語

## Question about English 170
### 単数形と複数形

## 「私はネコが好きです＝I like ( ).」の空所には、cat をどんな形で入れればよいですか？

「私は猫が好きです」はI like **cats**. と言います。次の4つの文の意味を比べてみましょう。

(1) (a) I like a cat.（私はある1匹のネコが好きだ）

　　(b) I like cats.（私はネコ（一般）が好きだ）

　　(c) I like the cat.（私はその（1匹の）ネコが好きだ）

　　(d) I like the cats.（私はその（複数の）ネコたちが好きだ）

つまり、「ネコというもの」（総称）を表す形は (b) だけです。不可算名詞の場合は複数形にはできないから、冠詞をつけずに単数形で使います。

(2) I like **music** [ × the music].（私は音楽が好きだ）

＊ the music だと「その（特定の）音楽」という意味になります。

ただし、「～というもの、～一般」を常に (b) のような形（可算名詞の複数形）で表すとは限らないので注意しましょう。

### 単数形と複数形の選択

(3) 私は電車の中で新聞を読む（習慣がある）。

　→ I read **a newspaper** on the train.

この文の下線部を newspapers にすると、電車の中で複数の新聞を読むように響くので不自然です。

＊ the newspaper（その新聞）も不自然です。どの新聞なのかを相手が知っていなければ使えません。

## Question about English 171

a/an と所有格

「友だちと買い物に行った
= I went shopping with (  ) friend.」の
(  ) に入るのは、a と my のどちらですか？

「友だちの一人と買い物に行った」と言うときは I went shopping with **a friend**. がベターです。a friend は one of my friends（私の友だちの一人）の意味ですが、my friend は「私の特別な［特に親しい］友だち」という意味になることがあります。

では、複数の友だちと買い物に行った場合はどうでしょう。

(1) 私は（何人かの）友だちと買い物に行った。

　→ (a) I went shopping with **friends**.
　　(b) I went shopping with **some friends**.
　　(c) I went shopping with **my friends**.

この場合、一番無難なのは (b) でしょう。(a) はややフォーマルな感じがします。(c) は my friends が「友だち全員」と誤解される可能性もあります。

## my brother と言えば「兄弟は1人」と解釈されるか？

参考までに、次の例も見ておきます。

(2) <u>My brother</u> is a college student.

　（私の兄［弟］は大学生です）

自分に兄弟が2人以上いる場合、My brother は One of my brothers と言うべきでしょうか？ 言い換えれば、(2) は「自分には兄弟が1人しかいない」という意味でしょうか？ その答えはノーです。「私の兄弟の1人は大学生だ」という場合でも、(2) を使ってかまいません。

## Question about English 172
### the の使い方①

# 「雨のせいで」の英訳は、because of rain ですか、それとも because of the rain ですか？

rain に the をつけるかどうかは、状況によって異なります。

(1) 試合は雨で中止された。
  → (a) The game was canceled because of **rain**.
    (b) The game was canceled because of **the rain**.

「試合中止の理由は雨だ」と言いたいときは、(a) を使うのが適切です。(b) の the rain は「その雨」ということだから、雨が降ったことを相手（聞き手）も知っている場合に使います。

## 「特定されていないもの」の前には the をつけない

このように the は、「**君も知っているその [例の]**」という意味を表し、後ろの名詞を特定する働きをします。

(2) I work at **the** [ × a] hospital I was born in.
　（私は自分が生まれた病院で働いています）
  ＊「私が生まれた病院」は1つしかないから the で特定します。

(3) I live in **a** [ × the] suburb of Yokohama.
　（私は横浜の郊外に住んでいます）
  ＊「横浜の郊外（地区）」はたくさんあるから、そのうちの1つは a suburb で表します。the suburb of Yokohama だと横浜には郊外（地区）が1つしかないことになってしまいます。

一般に日本人は the を使いすぎる傾向があります。(1) (3) のように**「特定されていないもの」の前に the をつけない**ようにしましょう。

## Question about English 173

the の使い方②

「電車でタケシを見かけた
= I saw Takeshi on (　) train.」の
(　)に入るのは、a と the のどちらですか？

the です。たとえば the book（その本）は、どの本を指すかが相手にもわかっているときに使います。しかしこの質問の場合、どの電車を指すかがたとえ相手にわからなくても the を使うのが普通です。

(a) I saw Takeshi on **a** train.
(b) I saw Takeshi on **the** train.

(a) の a train は「どれか 1 つの電車」という意味です。一方 (b) の the train には、次のようなさまざまな解釈があります。

① その（特定の 1 本の）電車
②（通勤などで）いつも乗っている特定の（路線の）電車
③ 一般的な意味での電車（a train に近い意味）

the train は③のように「電車一般」を表せるので、「電車でタケシを見かけた」は (b) のように英訳できます。ただし the のこの使い方は万能ではありません。

## 一般のものを表す the の使い方

〈**the + A [名詞]**〉を「**その（特定の）A**」ではなく「**A というもの**」の意味で使えるのは、誰もが同じ形のものをイメージできるときに限られます。たとえば「ある通りで」は on the street と表現できます（street には train と同様に決まった形のイメージがあるから）。しかし「ある本屋で」は at a bookstore と言う必要があります。at the bookstore だと「その本屋で」の意味にしかなりません。

| Question about English | **174** | **play soccer には the が つかないのに、play the piano には the がつくのはなぜですか？** |
|---|---|---|

the の使い方③

　173で説明したとおり、誰もが同じ形をイメージできるものは、〈the ＋名詞〉で「～というもの」（総称）の意味を表すことができます。play the piano の the も、そうした使い方の例です。「ピアノ」と聞けば、**誰でも同じ形を思い浮かべる**はず。だから the piano で「ピアノ一般」を表すことができるわけです。言い換えればこの場合の the は、他の楽器からピアノという楽器だけを取り出す働きをしている（そういう意味でピアノを特定している）と考えることができます。

　一方「サッカー」と聞いても、具体的な形がイメージできません。そういう名詞は the と相性が悪いのです。なぜなら、the は昔の英語では that（それ）と同じ言葉だったので、「それ」と指示する力が強いのです。つまり the piano は、「ほら、あの（形をした）ピアノ（という楽器）だよ」という感じです。

## 固有名詞に the をつけるかどうかは理屈抜きに覚える

　ただしこのようなことは、「あえて説明すれば」という補足的な情報にすぎません。疑問を持つのはいいことだけれど、学習効果だけを考えれば丸暗記する方がベターなこともあります。言葉は生き物だから、すべてが理屈で割り切れるものでもありません。たとえば「固有名詞に the をつけるかどうか」のような知識は、理屈抜きで1つずつ覚えていく方がよいでしょう。

| Question about English 175 |
|---|
| 抽象的な意味を表す普通名詞 |

# 「車で行く」を、go by a car ではなく go by car と言うのはなぜですか？

　物としての car は数えられる名詞だから、ハダカ（無冠詞単数形）では使えません（たとえば I have car. とは言えません）。しかし、by（～によって）の後ろでは無冠詞で使うのが決まりです。

　(1) 車で行きましょうか？

　　→ Why don't we go **by car**?

この場合の car は、物としての車ではなく「車という交通手段」という**抽象的な意味**です。だから my car とか a car とは言えません。go to school（学校へ行く）もこれと同じで、このフレーズ中の school は「勉強する場所」という抽象的な意味を表しています。

## 「メールで」は by e-mail

　一般に、〈**by ＋交通・通信の手段を表す名詞**〉という形では、名詞の前に冠詞や所有格は置きません。

　(2) メールで連絡を取り合いましょう。

　　→ Let's keep in touch **by e-mail**.

名詞の前に冠詞や所有格などを置くときは、by 以外の前置詞を使う点に注意しましょう。

　(3) 私の車で行きましょうか？

　　→ Why don't we go **in** [ × by] **my car**?

　(4) このナイフでパンを薄切りにしなさい。

　　→ Slice the bread **with** [ × by] **this knife**.

## Question about English 176
### 冠詞に代わる働きをする語

# 「この君の傘」は、**this your umbrella** と英訳できますか？

「この君の傘」の正しい英訳は、this your umbrella ではなく **this umbrella of yours** です。

次のように考えるとよいでしょう。

(1) 1本の傘 → <u>an</u> umbrella

(2) この傘 → <u>this</u> umbrella [ × a <u>this</u> umbrella]

(3) 君の傘 → <u>your</u> umbrella [ × a <u>your</u> umbrella]

(2) でも(3) でも傘は1本ですが、this や your の前に a をつけることはできません。つまり this や your は a（冠詞）に代わる働きをしています。そして〈**①冠詞 / ② this・that/ ③所有格＋名詞**〉**の形では、①②③のどれか1つしか使えない**ということです。

では、「この君の傘」のように this と your を両方使いたいときはどうするか？－その場合は your（所有格）を yours（所有代名詞）に置き換えて、this umbrella of <u>yours</u> と表現します。次の例も同様です。

(4) 私の友人の1人が交通事故にあった。

　→ **A friend of mine** had a traffic accident.

＊a my friend とは言えないので、my を of mine に変えて friend の後ろに置きます。One of my friends had … でもかまいません。

(5) 叔父のあの車はイタリア製だ。

　→ **That car of my uncle's** [ × uncle] was made in Italy.

＊my uncle's that car とは言えないので、car の後ろに〈of ＋独立所有格〉を置きます。

**Question about English 177**

配分単数と
配分複数

## 「彼らは本を読んでいる」の英訳は、They are reading a book. ですか？They are reading books. ですか？

保育園で数人の子どもがそれぞれ1冊の本を読んでいる状況を考えてみましょう。

(1) 子どもたちは本を読んでいる。
 → (a) The children are reading **a book**.
   (b) The children are reading **books**.

(a) は「1人の子どもにつき1冊の本を読んでいる」という意味です。この単数形（a book）を**配分単数**と言います。(b) も表す意味は同じですが、主語が複数形なのでそれに合わせて複数形（books）を使っています。これを**配分複数**と言います。

どちらを使ってもかまいませんが、この例では (b) の方が普通でしょう。(a) だと「全員で1冊の本を読んでいる」と誤解されるおそれがあります。逆に (b) は「子どもたちが全員で複数の本を同時に読んでいる」という解釈もできますが、それは現実的ではありません。

### 一般的事実を考慮した単数形と複数形の選択

(2) ほとんどの若者がスマホを使っている。
 → (a) Most young people have **a smartphone**.
   (b) Most young people have **smartphones**.

この場合も、どちらも使えますが (b) の方が無難です。(a) は「1人が1台ずつ持っている」という意味ですが、1人で2台以上持っている若者もいるかもしれません。このようなケースでは、**複数形を使う**と覚えておけばよいでしょう。

| Question about English | 178 |
|---|---|

単数形と複数形の選択

# 「兄弟がいますか」の英訳は Do you have a brother? ですか？ Do you have brothers ですか？

「兄弟がいますか」のベターな英訳は Do you have **brothers**? です。一般に「兄弟がいる」と言う場合、それは1人かもしれないし2人以上かもしれません。だから厳密に言えば Do you have <u>a brother or brothers</u>? と尋ねるべきだということになりますが、それでは長すぎて面倒です。だから下線部を brothers で代表させたと考えればよいでしょう。Do you have <u>a brother</u>? だと「あなたは1人の兄弟がいますか」のように響くので不自然です（2人の兄弟がいる人は No. と答えねばならないことになります。しかしそれは聞き手が想定している答えではありません）。

## 「1人につき1つ」が当然のものには単数形を使う

177の配分単数と配分複数に関連して言えば、**「1人につき1つ」が当然のものには単数形を使う**のがベターです。

(1) Do they have <u>a driver's license</u>?
（彼らは運転免許を持っていますか）
＊下線部を driver's licenses と言うと、1人が複数の運転免許を持っているかのように響くので不自然です。

(2) This book is for people <u>whose native language is</u> not English.（この本は母語が英語ではない人向けです）
＊これも同様。下線部を whose native languages are と言うと、1人が複数の母語を持っているかのように響きます。

## Question about English 179

some と any の使い方①

# 「some は肯定文で使う」のならなぜ Some people don't like him. と言えるのですか？

some の1つの働きは、不特定の数量を漠然と表すことです。

(1) There are **some** éggs in the refrigerator.
（冷蔵庫にいくつかの卵が入っている）

この some には**強勢を置かず**、学校で習うとおり肯定文で使います。否定文や疑問文なら any を使うことになります。

(2) There aren't **any** éggs in the refrigerator.
（冷蔵庫には卵が1つも入っていない）

## 否定文で使う some、肯定文で使う any

一方、**強勢を置く some/any** の使い方は違います。

(3) **Sóme** people don't like him.
（一部の人々は彼を好きではない）
＊ some ＝中には〜なものある［人もいる］

(4) **Ány** time is fine.（いつでもかまいません）
＊ any ＝どんな〜でも

(3) では some が否定文で、(4) では any が肯定文で使われています。このように「some は肯定文で、any は否定文・疑問文で使う」というルールは、(1)(2) のような弱く読む some/any だけに当てはまるのです。(3)(4) のように強く読む some/any にはそのルールが適用されないため、否定文で some を使ったり、肯定文で any を使ったりする場合もあるわけです。

| Question about English 180 | Would you like some coffee? と Would you like any coffee? の意味はどう違うのですか？ |
|---|---|
| some と any の使い方② | |

　Would you like some/any coffee? の some/any は、180で説明した「弱く読む」用法です。

　(a) Would you like **some** cóffee?

　(b) Would you like **any** cóffee?

　(a) では「弱く読む some」が疑問文中で使われています。これは179で示したルールに反することになりますが、2つの文には次のような違いがあります。

　・(a) はイエスの答えを想定している。
　・(b) はイエスとノーの答えを五分五分で想定している。

　つまり、(a) は「コーヒーを飲みたいですよね？」ということ。一方 (b) は「コーヒーを飲みたいですか、それとも飲みたくありませんか？」という意味です。したがって、相手にコーヒーを勧めるときは **(a) の方がていねいな言い方**になります。

## something と anything の使い分け

　患者が医者に尋ねる状況を想定してみましょう。

　(1) 私に何か悪いところがありますか。

　　→ (a) Is there **something** wrong with me?

　　　(b) Is there **anything** wrong with me?

　(b) はイエスかノーかを尋ねるニュートラルな質問です。一方 (a) はイエスの答えを想定した質問で、「私はどこか悪いのじゃないだろうか」という不安な気持ちを反映した言い方です。

## Question about English 181
### 形と意味の紛らわしい形容詞

# 「私は一人ぼっちだと感じた」の適切な英訳は、I felt alone. ですか、それとも I felt lonely. ですか？

ニュアンスに応じて次のように使い分けます。

(1) I felt **alone**. → そこには私のほかに誰もいない感じがした。
(2) I felt **lonely**. → 私は一人ぼっちでさびしい気持ちだった。

つまり lonely には「さびしい」という意味が含まれるのに対して、alone にはそれがありません。そこが大きな違いです。

## 形と意味の紛らわしいその他の形容詞

形と意味の紛らわしいその他の形容詞も見ておきましょう。

(3) Read the passage **aloud** [ × loudly].
　（その一節を声を出して読みなさい）
＊ aloud は「声を出して」、loudly は「大声で」。

(4) I like **classical** [ × classic] music.
　（私はクラシック音楽が好きだ）
＊ classical は「古典（主義）の」、classic は「第一級の、規範的な」。

(5) This is the most **economical** [×economic] car in the world.
　（これは世界で最も経済的な車だ）
＊ economical は「経済的な、安上がりの」、economic は「経済の」。

(6) I like visiting **historic** [ × historical] sites.
　（私は名所旧跡を訪ねるのが好きだ）
＊ historic は「歴史上重要な、由緒ある」、historical は「歴史の」。

## Question about English 182
形と意味の紛らわしい副詞

# 「私は遅れて着いた」の適切な英訳は、I arrived late. ですか、それとも I arrived lately. ですか？

「私は遅れて着いた」の正しい英訳は I arrived **late**. です。一般には〈**形容詞＋ -ly ＝副詞**〉という関係が成り立ちますが、例外もあります。次の例で言うと、前の２つは原則通りですが、後の２つは例外だから誤りやすいので注意しましょう。

- **kind**（形 親切な）→ **kindly**（副 親切に）
- **recent**（形 最近の）→ **recently**（副 最近）
- **late**（形 遅れて／副 遅く）→ **lately**（副 最近）
- **hard**（形 熱心な、難しい／副 熱心に）

→ **hardly**（副 ほとんど～ない）

lately や hardly は、-ly を加えることで全く違う意味になります。

(1) (a) He works **hard**.（彼は熱心に働く）
 (b) He **hardly** works.（彼はほとんど働かない）

## -ly で終わる形容詞など

-ly で終わる語はたいてい副詞ですが、**-ly で終わる形容詞**もあります。**friendly**（友好的な、親切な）、**weekly**（毎週の）などがそうです。たとえば「週刊誌」は weekly magazine と言います。

また、**early**（形 早い／副 早く）、**fast**（形 速い／副 速く）など、形容詞と副詞が同じ形のものもあります。たとえば early morning は「早朝」、get up early は「早く起きる」です。

## Question about English 183

almost と most の使い方

# 「ほとんどの人」を almost people と言えないのはなぜですか？

almost は、日本人が使い方を間違えやすい代表的な単語の1つです。

(1) ほとんどの人が彼の名前を知っている。

　→ ○ (a) **Most** people know his name.

　　○ (b) **Almost all** people know his name.

　　× (c) Almost people know his name.

most（ほとんどの）は形容詞だから、名詞（people）の前に置けます。しかし almost（ほとんど）は副詞だから、(c) のように almost people とは言えません。副詞は原則として名詞を修飾できないからです（→113）。そこで (b) のように almost（副詞）＋ all（形容詞）＋ people（名詞）で「ほとんど＋すべての＋人々」と表現します。

## most of の使い方

(2) （その）生徒たちのほとんどがテストに合格した。

　→ (a) **Most of** the students passed the test.

　　(b) **Almost all** (of) the students passed the test.

〈most of the ＋複数形の名詞〉は「～の大部分」という意味で、この most（ほとんど）は名詞です。この形では of の後ろに the（や所有格）が必要で、most of students とは言えないことに注意しましょう。(b) の almost all of the students は「その生徒たちの全員」で、of は省略できます。「ほとんどの日本人」なら most (of the) Japanese、almost all (the) Japanese と言えばＯＫです。

## Question about English 184
### veryで修飾できない形容詞

# 「とてもおいしい」を very delicious と言えますか？

　結論から言うと、**very delicious** はよく使われる表現です。delicious はもともと「最高に楽しい［おいしい］」という意味です。このような（100点満点で言えば0点または100点の意味を表す）形容詞は、一般に very では修飾できません。たとえば dead（死んでいる）を very dead（とても死んでいる？）とは言えないわけです。だから理屈で言えば very delicious ではなく **really [quite] delicious**（本当に［全く］おいしい）と言うのがベターですが、実際には very delicious という言い方もよく使われます。

## very で修飾するその他の形容詞など

(1) You're **very Japanese**.（君はとても日本人らしい）

　普通は very Japanese とは言いませんが、この文では「日本人らしさ（の程度）」を very で強めています。

　delicious と同様の形容詞に、**favorite** があります。この語のもともとの意味は「一番好きな」です。

(2) 私の一番好きなスポーツは野球です。

　→ My **favorite** [△ most favorite] sport is baseball.

　favorite 自体に「一番好きな」の意味が含まれるので、最上級にすると「一番」の意味が重複します。だから「私の一番好きなスポーツ」は単に my favorite sport と言います。しかし「my favorite sport はいくつかあるが、その中でも野球が一番好きだ」と言いたいときは most favorite を使ってもかまいません。

## Question about English 185
### 名詞の選択①

# 「私は安月給です」を I get cheap salary. と言えますか？

いいえ（(5)を参照）。

まず「給料」を表す主な名詞には pay・salary・wage の3つがあることを知っておきましょう。最も一般的な語は **pay** で、次のようなさまざまな使い方ができます。

(1) 私は安月給の店員だ。→ I'm a **low-paid** shopclerk.

(2) 私たちは安月給で酷使されている。
　→ We're **underpaid** and overworked.

(3) 給料を上げてほしい。→ I'd like a **(pay) raise.**

＊ pay（給料）と payment（支払い）の違いにも注意。

(4) もっと給料のいい仕事につきたい。
　→ I want to get a **better-paying** job.

**salary** は普通は「月給」の意味で使います。**wage** は時給や週給です。時給計算のアルバイトなどの給料は salary ではなく wage です。

(5) I can't live on such a **small [low] salary**.
　（こんな安月給では暮らせない）

＊ cheap salary は誤り。「安い値段」を cheap price と言わないのと同様（→146）。また〈形容詞＋ salary〉の前には a が必要です。

(6) My **wage** is 900 yen per hour.（私の時給は900円です）

したがって「私は安月給です」は、**I (only) get a small salary.**、**My pay is low.**、**I'm low-paid.** などで表します。

## Question about English 186
### 名詞の選択②

# 「彼の欠点」を his demerit と言えますか？

「彼の欠点」を his demerit と訳すのは避ける方がよいでしょう。人の性格などの欠点を表す一般的な名詞は fault です。似た意味を持つ名詞を使った例も合わせて見てみましょう。

(1) His only **fault** is that he isn't punctual.

　(彼の唯一の欠点は、時間を守らないことだ)

＊That's my fault.（それは私のせいです）などの使い方もあります（この fault は「責任」の意味）。

(2) The tax increase has both **merits** and **demerits**.

　(増税には功罪［長所と短所］の両方がある)

＊merit は「功績、価値」、demerit はしばしば merit とセットで使います。

(3) There is a major **defect** in the system.

　(そのシステムには大きな欠陥がある)

＊defect は機械などの欠陥を表します。「欠陥車」は defective car。

使い方が紛らわしい名詞の例を追加しておきます。

(4) 私は30分歩いて会社へ通っています。

　→ I walk for thirty minutes to my **office** [ × company].

＊company は会社の組織を指します。会社の建物は office です。

(5) 彼はなぜ心変わりしたのだろうか。

　→ I wonder why he has changed his **mind** [ × heart].

＊mind は body に対する語で、思考を表します（形容詞は mental）。heart は感情を表します。

## Question about English 187
意味の紛らわしい名詞

# cherry blossoms（桜の花）は cherry flowers とも言えますか？

　はい。「桜の花」は cherry blossoms とも cherry flowers とも言います。日本語ではバラでも桜でも「花」と言いますが、英語では（実を結ぶ）果樹の花は **blossom** です。だから桜の花は cherry blossoms です。一方、**flower** は花屋さんで売っているような「草花」の意味でも使うし、木に咲く花の意味でも使います。だから cherry flowers と言ってもかまいません。また、**bloom** という語もあります。flower より堅い語で、開いた花（の状態）を意味します。

(1) Cherry blossoms are **in full bloom**.（桜の花が満開だ）

(2) The player was **a late bloomer**.
　（その選手は大器晩成型だった）

## 意味の紛らわしいその他の名詞

(3) 今日は得意先と会う約束がある。
　→ I have an **appointment** [× promise] with a client today.
＊「面会の約束」は promise ではなく appointment。

(4) そのレストランは客が多い。
　→ The restaurant has a lot of **customers** [× guests].
＊店の客は customer。guest は「招待客」。

(5) 空港までのバス料金はいくらですか。
　→ What's the bus **fare** [× price] to the airport?
＊乗り物の運賃は fare。price は「（品物の）値段」。

4 基本語

## Question about English 188
### 「仕事」を意味する名詞

# 「仕事」の意味の workとjobには、どんな違いがありますか？

　基本的な違いとして、**workは不可算名詞**、**jobは可算名詞**であることを知っておきましょう。つまりworkは抽象的な意味での仕事を指し、jobは具体的な仕事を指します。

(1) I have a lot of **work** [ × works] to do today.

　　（今日はやる仕事がたくさんある）

　＊ a work とか works とは言えません。homework（宿題）も同様。

(2) I drive to **work**.（私は車で出勤している）

　＊ work の前に冠詞をつけない点に注意。「学校に行く」を go to school と言うのと同様に、「仕事に行く」は go to work と言います。

(3) I'm looking for a full-time **job** [ × work].

　　（私は常勤の仕事を探している）

　＊前に a があるので work は使えません。

## 「旅行」の意味の紛らわしい名詞

「旅行」を表す **travel は不可算名詞、trip・tour は可算名詞**です。

(4) I don't like bus **travel**, as I get sick easily on the bus.

　　（乗るとすぐ気分が悪くなるのでバス旅行は嫌いだ）

　＊ a travel とか travels とは言えません。

(5) We made a one-day **trip** to Kyoto.

　　（私たちは京都へ日帰り旅行をした）

　＊ trip は小旅行、tour は周遊旅行、travel は主に海外旅行に使います。

## Question about English 189 「問題」の意味の matter と problem にはどんな違いがありますか？

「問題」を意味する名詞

matter と problem を英英辞典で調べてみましょう（持っていなければインターネットでも検索できます）。たとえば OALD（→198）には次の定義が載っています。

- **matter**：a subject or situation that you must consider or deal with（考慮あるいは対処しなければならないテーマや状況）
- **problem**：a thing that is difficult to deal with or understand（対処あるいは理解するのが難しいもの）

2つの定義の大きな違いは、problem には「難しい」というニュアンスがあることです。日本語で言うと、**matter は「ことがら」、problem は「課題」**に近い意味です。具体例を見てみましょう。

(1) その政治家が辞任するのは時間の問題だ。

→ It's a **matter** of time before the politician steps down.

＊和文の「問題」は「ことがら」の意味に近いので matter を使います。a matter of time [life and death] は「時間の[死活]問題」です。

(2) 彼は深刻な健康問題を抱えている。

→ He has a serious health **problem**.

＊ solve a problem（問題を解決する）という表現からもわかるとおり、「解決すべき問題」は problem で表します。

## Question about English 190
### 「国家」を意味する名詞

# 「国家」の意味のcountryとnationにはどんな違いがありますか？

country は日本語で言う「国」に近い語。nation は「（政治、社会上の）**国家**」の意味です。つまり nation は「政府によって組織された国」というニュアンスが強い語で、主に国際関係に関する文脈の中で使います。たとえば国連は英語で the United Nations（略称は the U.N.）と言います。

(1) ヨーロッパにはいくつの国がありますか。
  → How many **countries [nations]** are there in Europe?

上の文の場合、たとえばヨーロッパの地図を見ながら国の数を数えるような状況なら countries を、政治的な文脈なら nations を使います。また、nation からは **national**（国家の、国立の）、**international**（国際的な）、**nationality**（国籍）などの派生語ができます。これらはどれも組織としての国を意識した言葉です。

## sex と gender の違い

同様に意味の紛らわしい語に、「性（別）」を意味する sex と gender があります。**sex** は生物学上の性を指す言葉で、the male [female] sex（男［女］性）、the opposite sex（異性）のように使います。一方 **gender** は社会的・文化的な性のことで、gender discrimination [bias]（性別に基づく差別［偏見］）、gender gap（男女間の格差）などと言います。ちなみに日本語では「女性に優しい男性」をフェミニストと言いますが、英語の **feminist** は「男女同権論者」の意味です。一方「男性優越主義者」は **male chauvinist** と言います。

## Question about English 191

「市」「町」を表す名詞

## city と town を比べると city の方が大きいですか？

　基本的には city の方が town より大きいと考えてかまいません。人口の多さで言うと、**city ＞ town ＞ village** の順です。ただ、これらを「市」「町」「村」と日本語に置き換えると、英語の意味とは少しずれてしまいます。アメリカの city は日本語の「市」に近い語ですが、それに当たるものをイギリスではしばしば town と言います。またイギリスの village に相当するものをアメリカでは town と言います。

　もう 1 つの注意として、**town には「中心地区、繁華街」「自分の住んでいる町」などの意味があります**。これらの意味では冠詞をつけずに使うことが多く、比ゆ的な意味でも使われます。

(1) I'm **going to town** to do some shopping.
　（買い物をしに繁華街へ行く予定です）

(2) I'm new **in town**.（私はよそから越してきたばかりです）

(3) The manager has been **out of town** since Monday.
　（部長は月曜日から出張しています）

　また、「田舎（the country）」に対する「都会」は the city ですが、イギリスでは the town と言います。

(4) Which would you prefer, living in **the country** or in **the city [town]**?
　（田舎に住むのと都会に住むのとではどちらがいいですか）

　＊イギリスで the City と言えば、ロンドンにある金融の中心地のこと。

## Question about English 192
「個人の」を意味する形容詞

# 「個人の」の意味の personal と private には、どんな違いがありますか？

　わかりやすく言えば、**personal** は「個人の」、**private** は「公的 (**public**) でない」ということです。

　たとえばパソコン（personal computer）を private computer とは言いません。なぜなら、private の逆の public computer（公のコンピュータ？）というものはないからです。同様の例をいくつか見てみましょう。

(1) She quit for **personal** reasons.
　　（彼女は一身上の［個人的な］理由で退職した）
　＊ public reasons（公の理由？）というものはありません。

(2) My son goes to a **private** school near my house.
　　（息子は自宅の近くの私立学校に通っている）
　＊ public school は「公立学校」(→ 28)。

(3) This is my **personal [private]** view.
　　（これは私の個人的な意見です）
　＊ personal view は「個人の意見」で、「ほかの人はどう思っているか知らないが私はこう思う」ということ。private view は「公人としての立場はさておき、個人的にはこう思う」ということ。

　日本語でも、たとえば「プライベートな飲み会」と言えば「仕事を離れた（私人としての）飲み会」という意味ですね。

# 5
## 「英語の勉強法」についての疑問
# 「パーティーを開く」を open a party と言えますか？

この章では、英語の学習法についてのさまざまな疑問に答えていきます。ベストな学習法とは何か？　という問いの答えは、人によって千差万別です。この章の説明は基本的に筆者の意見と考えてください。皆さんの今後の学習の参考になれば幸いです。

Question about English 193
「学習法」の落とし穴

# 「効率的な英語学習」というものがありますか？

　英語の効率的な学習方法はあるのか？ という質問が「効率的に学習すれば楽をして力がつくはずだ」という考えから出てきたのなら、「**そんな学習法はない**」と答えておきます。

　学習の目的もスタイルも人によって違うので、Aさんにとって効率的な学習法がBさんにとっても同じように効率的だとは言えません。筆者の指導経験で言うと、最も大切なのは**学習に費やした時間の量です**。どんな方法であれ、多くの時間をかけて勉強すれば必ず力がつくはずです。

　逆に、「効率的な学習法がどこかにあるはずだ」と考えすぎて落とし穴にはまる人（たとえば大学受験生）も少なくありません。勉強法に関する本をたくさん読むことに熱中して、それだけで勉強した気になっているような受験生もいました。そんな時間があったら英単語の1つでも覚えた方がよほど「効率的」です。

## 目的意識を明確にすることが大切

　**自分は何のために英語を勉強するのか？ という明確な目的意識を持つ**ことが大切です。たとえばTOEICテストで高得点を取りたいというのなら、効率的な対策学習はいくらでも考えられます。もっと幅広く「英語が多少でも使えるようになりたい」という人には、「**読む・書く・聞く・話す**」の4技能の習得に均等の時間を割くようアドバイスしておきます。

　英語の力は勉強時間に比例して伸びる、という点を忘れないように。

## Question about English 194
使える知識と使えない知識

# 「学校英語は役に立たない」というのは本当ですか？

　英語学習の目的にもよりますが、筆者の回答は「**学校で習う英語の８〜９割は実用の役に立つ。残りの１〜２割はあまり役に立たない**」といったところでしょうか。

## 全く役に立たない学校英語の知識とは？

「では、役に立たない学校英語の知識とは何か？」という疑問が当然起こりますね。それは、**大学入試の文法問題にしか出ない知識**です。いくつか例を挙げておきます。

　(1) He is senior to me by two years.（彼は私より２歳年上だ）

　＊ He is two years older than me. が普通の言い方。senior/junior は年齢ではなく経歴の長さや身分の上下を表します。なお、英米では「先輩・後輩」という考え方自体が一般的でありません。

　(2) I make it a rule to get up at six in the morning.
　（私は朝６時に起きることにしている）

　＊こんな複雑な文を使わなくても、I get up at six every morning. と言えば済みます。

　(3) Don't speak ill of others.（他人の悪口を言うな）

　＊ Don't say bad things about others. が普通の言い方。

　(4) Tomatoes are no more vegetables than bananas.
　（トマトが野菜でないのはバナナが野菜でないのと同じだ）

　＊内容自体が陳腐。Tomatoes are not vegetables. と言えば十分です。

このような丸暗記型の知識は、忘れても全然かまいません。

## Question about English 195 「ディスコース・マーカー」とは何ですか？

よく使われる英語学習用語

　ここでは、ビギナーにとって少し難しい言葉をまとめて説明しておきましょう。

- **ディスコース・マーカー**：文章の中で使われる、論理関係などの意味的なつながりを示す目印になる言葉。however（しかし）、for example（たとえば）など。
- **パラグラフ・リーディング**：段落ごとの意味的な関係（たとえば起承転結）を考えながら文章を読むこと。
- **チャンク**：まとまった意味を持つ語句のかたまり。たとえばWould you like 〜？（〜はいかがですか）は辞書に熟語として載ってはいませんが、日常的によく使われるチャンクの1つです。
- **コーパス**：英文をたくさん集めてデータベース化したもの。特定のフレーズが実際にどの程度使われているかを調べたりするのに利用できます。ネット上で無料のコーパスも公開されています。COCA（The Corpus of Contemporary American English）などが有名（→200）。
- **シャドウイング**：音読学習の方法の一つで、聞こえてくる音声を追いかけるようにしてなぞって発音します。聞き取りと発音の両方を同時並行で行うため、上級者向けと言えます。

Question about English 196

語彙力の強化

# 英単語は何個くらい覚えるべきですか？

　覚える英単語は**多ければ多いほどベター**です。とにかくたくさん覚えましょう。

　近年、**グロービシュ**（Globish）という言葉を耳にするようになりました。これは「非ネイティブ同士が英語でコミュニケーションをとるためには、最低限の英語力があればよい」という考え方に基づいて、できるだけ学習内容を少なくしようとする試みです。それによれば、覚えるべき単語の目安は**1,500 語**くらい。大学入試センター試験で必要な単語数も、その程度だと言われています。

## ひとまず目標設定するなら 10,000 語

　一方、たとえば代表的な英和辞典の1つの『ジーニアス英和辞典』（大修館書店）では、収録語のレベルを次のように分類しています。

・A ランク（中学学習語）＝約 1,150 語
・B ランク（高校学習語）＝約 3,150 語
・C ランク（大学生・社会人に必要な語）＝約 5,300 語
・D ランク（その他の語）＝約 74,650 語

　A〜C ランクの合計は、約 **9,600 語**です。覚える単語数の目標を設定するなら、この程度にすべきでしょう。

　ジーニアス英和辞典で B ランクに入っている a で始まる語の例を挙げると、abuse、accuse、acquaintance、adjective、adopt など。この程度は知っておきたいところです（意味はそれぞれ「乱用（する）」「告発する」「知人」「形容詞」「採用する」）。

## Question about English 197
### 語源の利用法
# 「語源で覚える」方法には効果がありますか？

　**語源の知識は、多少は持っておく方がベター**です。特に単語の最初に置く**接頭辞**に注意しましょう。たとえば co-worker（同僚）は、worker に co- という接頭辞を加えたものです。co- は「一緒に（together）」の意味で、con-、com- なども同様です。collect（集める）、combine（結合する）、common（共通の）、compete（競争する）、connect（結ぶ）、consult（相談する）、cooperate（協力する）なども意味的な関連があります。

## 重要な接頭辞

　一方、何でもかんでも語源で説明しようとすると、「1つずつ覚えた方が早い」という話になります。バランスが大切です。それを念頭に置いて、覚えておくと役に立つ重要な接頭辞の例を挙げておきます。

- **de**-（下、分離、否定）：decrease（減少する）、depart（出発する）、demerit（欠点）など
- **im-/in**-（内）⇔ **em-/ex**-（外）：import（輸入する）、income（収入）、emit（放出する）、exit（出口）など
- **pre-/pro**-（前）⇔ **post**-（後）：prepare（準備する）、previous（以前の）、postwar（戦後）、postscript（追伸）など
- **re**-（再び）：recover（回復する）、return（戻る）など
- **sur**-（上）⇔ **sub**-（下）：surface（表面）、survive（生き残る）、submarine（潜水艦）、subway（地下鉄）など

**Question about English 198**

辞書の種類と使い方

# 英語の辞書はどんな点に注意して使えばいいですか？

　学習の目的によっても違うので一概には言えませんが、「英語と日本語の置き換え」だけを知りたいなら**オンライン辞書**だけで十分でしょう。ただしオンライン辞書には個々の単語の使い方などの補足情報は載っていないので、各種試験対策には不十分です。紙の辞書も1冊は必要です。以下は参考までに。

①**英和辞典**は、『ジーニアス英和辞典』(大修館書店)、『ウィズダム英和辞典』(三省堂)などがお勧め。

②**和英辞典**は不要です。(オンライン辞書で十分)

③**英英辞典**は、できれば1冊持っておきましょう(単語の定義が明確に示されています)。お勧めはOALD (Oxford Advanced Learner's Dictionary)、LDOCE (LONGMAN Dictionary of Contemporary English) など。CDデータをパソコンのHDに入れておくと便利です。

## 手持ちの辞書を使う際の注意

　辞書を使うときは、必ず冒頭の説明をよく読むことが大切です。最近の英和辞典は特徴的なコラムなどを売り物にしているものも多いので、手持ちの辞書を最大限に活用しましょう。たとえば『オーレックス英和辞典』(旺文社)には、ネイティブ100余人に聞いたアンケート結果のコラムがあり、実際に使われる英語についての有益な情報を提供してくれます。

## Question about English 199 「パーティーを開く」を open a party と言えますか？

英英辞典の活用

いいえ。例を挙げてみましょう。

(1) 私たちは今週の金曜日にパーティーを開く予定です。
→ We are going to **have** [ ✕ open] **a party** this Friday.
＊have の代わりに hold, give, throw なども使えます。

では、なぜ open（開く）が使えないのでしょう。手元に**英英辞典**があれば、こんな疑問に対する答えを教えてくれます。たとえば OALD（→ 198 ）で open をひくと、open という動作の対象となるものとして、door/window/lid（ふた）、container（容器）/package（包み）、eyes、for customers/visitors（※）（客/訪問者のために）などが挙げられており、それぞれに定義がついています。たとえば※については、to start business for the day; to start business for the first time（その日のために業務を始めること、初めて業務を始めること）とあります。だから open a store とは言えても、open a party のような使い方はできないことがわかります。

## 英英辞典の利点

このように、英英辞典で調べると単語の定義や使い方が明確にわかることがよくあります。1冊持っておいて損はないでしょう。なお、「パーティを開く＝ have a party」という知識だけを暗記すれば十分だという人は、そういう学習方法でもかまいません。

**Question about English 200**

オンライン辞書
などの利用

## 自分の考えた英語の表現が正しいかどうかわからないとき、どのように確かめればよいですか？

　自分で作った英文が正しいかどうか確認するための主なツールは2つ。1つは**オンライン辞書**です。

　代表的なものが、アルク（http://www.alc.co.jp/）の**英辞郎**です（無料版と情報量の多い有料版があります）。

　オンライン辞書は、紙の和英辞典では調べることのできない情報を提供してくれます。たとえば「このシステムは効率が悪い」という日本語の下線部をどう英訳してよいかわからないとき、和英辞典には「効率が悪い」という見出しはありません。しかしオンライン辞書で「効率が悪い」を検索すると inefficient という語が出てくるので、This system is inefficient. と英訳できます。

　また、たとえば「伝票の計算が間違っていた」を英訳するときは、オンライン辞書に「計算　違」と入れればいろんなフレーズがヒットするので、その中からどれかを選んで使えばOKです。シンプルな言い方は There was a mistake in the bill. などです。

## コーパスの利点

　別のツールとして、**COCA**（http://corpus.byu.edu/coca/）などのコーパス（英文のデータベース）があります。たとえば「強い台風」を strong typhoon と言えるか？という疑問が生じた場合、COCA で strong typhoon を検索すると1件もヒットしません。一方 powerful typhoon は10件ヒットするので、こちらがベターな表現だとわかります。コーパスをこのように利用してみましょう。

| Question about English 201 |
|---|
| 精読か速読か |

# リーディングの勉強をするときに注意する点は何ですか？

　日本の英語教育に対してよく聞かれる、次のような批判について考えてみましょう。

「日本人が英語を使えないのは、学校の教え方が悪いせいだ。今でも多くの教師は、辞書で単語の意味を調べて英文を1つ1つ日本語に置き換えさせるような指導をしている。これでは実用的な英語力は身につかない。」

　この主張には、正しい面と正しくない面があります。正しいのは、1つには学校の指導が「読むこと」に偏りすぎているという点。もう1つは、このやり方では読む英語の絶対量が足りず、読解力さえ十分に身につかないという点です。

### 「精読→速読」の順に学習を進める

　では、そのような「精読」よりも「速読」の方がベターかと言えば、一概にそうとは言えません。「じっくり読んでも理解できないことが、速く読めば理解できる」ということはあり得ないからです。速読学習ばかりだと、「何となくわかったような気になっただけ（しかし実際には文章の正確な意味がつかめていない）」という状態の繰り返しになりかねないのです。

　結局のところ、「**精読→速読**」の順に学習を進めるのがベストだと言えます。最初は、1つ1つの文を正しく理解するように努める。ある程度それができるようになったら、だんだん読むスピードを上げていく。この基本を忘れないようにしてください。

Question about English 202

音読の正しい学習方法

# 「音読学習」にはどの程度の効果がありますか？

　英語の4技能（読む・書く・聞く・話す）は、それぞれが別々に伸びていくわけではありません。たとえば話すためには相手の言うことが理解できなければならないから、聞く力の向上が話す力の向上に直結します。音読は「読む」＋「声を出す」の組み合わせなので、**読む力と話す力を同時に鍛える**ことができます。

## 正しい音読のための3つの注意点

　ただし音読が高い学習効果を持つためには、正しいやり方をする必要があります。次の3点に注意するとよいでしょう。

　**①文の意味を考えながら読む。**

　**②どこで区切るかを考えながら読む。**

　**③文中のどこを強く読むかを意識する。**

　具体例で考えてみます。

(1) New stúdies / have made it cléar / that the fóod contains a súbstance / that causes cáncer.（新しい研究は、その食品がガンを引き起こす物質を含むことを明らかにした）

　慣れてくれば、前から順に読みながら「ここで区切ればよさそうだ」という箇所が自然にわかるようになります。そして区切った箇所の直前の語を強く読むことで文にリズムが生まれます。（→23）

　自分の読み方が正しいかどうかは、「英文 読み上げ」というキーワードで検索すれば、**入力したテキストをネイティブの発音で読んでくれる無料のサイト**が見つかります。

**Question about English 203**

動画サイトの活用

# リスニングの力をつけるのに適した学習法はありますか？

　リスニングで何より大切なのは、自分のレベルに合った素材を選ぶことです。目安としては、**3〜5割くらい聞き取れる素材**を使うのがよいでしょう。インターネットの動画サイトには無料のリスニング素材がたくさんあるので、自分に合うものを探してください。

## 動画サイトを使って学習する際の注意

　使いやすい動画サイトの条件として、次の2点を挙げておきます。
**①スクリプト（台本）がついている。**
**②読み上げのスピードを選ぶことができる。**
　この条件を満たすサイトには、**NHKの「ニュースで英会話」**や、アメリカの国営放送**VOAの「Special English」**などがあります。
　また、動画サイトには日本の映画やアニメの吹き替え版もたくさんあります。たとえば「anime dub English」で検索すれば、英語版の日本アニメが見られます。また「sub English」で検索すれば、日本語の音声に英語の字幕がついた作品を探せます。
　実際に聞くときは、**意識を集中して聞く**ことが大切です。「聞き流すだけで会話ができるようになる」という広告を時々見かけますが、そんな学習法が通用するのは一握りの語学の天才くらいでしょう。リスニングの練習では、最初は集中力を持続するのに苦労します。「途中までは聞き取れたがその先がわからなくなった」という経験を繰り返しながら、少しずつ長い素材を聞き取れるようになってください。

**Question about English 204**

スピーキングの学習法

# 英会話学校に通わずに会話力をつけることができますか？

　スピーキングの力をつけるベストな方法は、言うまでもなくネイティブと実際に話すことです。しかし英会話学校に通う時間とお金が惜しいという人には、第1の選択肢として**オンラインの英会話レッスン**があります。料金は業者や講師によって幅が大きく、英米人以外（たとえばフィリピン人）の講師の場合、相当安い値段で受講できるので、一考の余地があるでしょう。

## 独学で会話力を高めるには

　あくまで独学でやりたい人には、**英文を瞬時に組み立てる練習**を徹底的に行うのを勧めます。必ずしも口に出して言う必要はなく、頭の中で考えるだけでもかまいません。例を出してみます。

　⑴ きのう見た映画は退屈だった。
　⑵ 今度の週末は花火大会に行く予定です。

　こんな内容を瞬時に英語に変換できるようになるまで、いわば頭の中でライティングの練習をしてください。学習素材はたくさん市販されています。またそうした素材を使わなくても、**その場で思いついた内容を何でも即座に英語に直す訓練**を日頃からしておくとよいでしょう。そのためには、わからない言葉をその場で調べることのできるツール（スマホの辞書アプリなど）が必須です。

　＊英訳例：⑴ The movie I watched yesterday was boring. ／ ⑵ I'm going to the firework display this weekend.

## Question about English 205
### 試験対策の英語学習

# TOEIC テストで得点力をアップするには、どうすればよいですか？

　TOEIC テストでも大学入試でも、いわゆる「受験テクニック」があるのは確かです。ただ、そのテクニックがどういうものかについては人によって意見が違います。以下の説明は、数ある意見の中の1つとして考えてください。

## TOEIC テスト対策のポイント

**①まず日本語訳を読んでみる。**
　TOEIC 対策の本がたくさん出版されています。それらをペラペラめくって、リーディングの文章やリスニングのスクリプトの日本語訳をざっと眺めてみてください。どんな内容がよく問われるか、およその傾向がつかめるはずです。

**②文法学習に時間をかけすぎない。**
　大学入試と違って、TOEIC テストにはいわゆる「文法問題」はほとんど出ません。英文の意味を理解するための文法力は必要ですが、「文法問題を解く練習」は基本的に不要です。

**③得点力アップの最大の近道は単語力の強化。**
　TOEIC テストに出題される単語はビジネス英語特有のものが多く（例：courier「宅配便業者」）、単語の知識が得点力を大きく左右します。とにかく1つでも多く単語を覚えましょう。

**④リスニングの方が得点しやすいので重点的に学習する。**
　リスニングには選択肢の数が少ない問いが含まれるので、全体の正答率は高くなります。リスニング対策を重点的に。

| Question about English | 206 |

文の形と
意味の違い

# 学校で習う英文の「書き換え」の練習にはどんな意味があるのですか？

　英語に限らず、ことばは「形が違えば意味も違う」のが基本です。たとえば日本語では自分のことを「私」「ぼく」「おれ」「わし」「うち」などいろんな言葉で表現しますが、それぞれの言葉から受け取る印象は微妙に違います。英語の例を1つ挙げてみます。

　(1) ユカはぼくにこのセーターをくれた。

　→ (a) Yuka gave **me this sweater**.

　(b) Yuka gave **this sweater to me.**

　学校では (a) → (b) の書き換えを習いますが、この2つの文の意味は微妙に違います。まず、特別な文脈がない限り **(a) の方が普通の言い方**です。(b) は to me が重要な情報である場合、つまり「ユカがこのセーターを渡した相手は、このぼくだ」というような状況で使います（me を強く読みます）。

　(b) のように、英語では一番重要な情報を文の最後に置くことがよくあります。これを**文末焦点の原理**と言います。

## 形式主語の it が使われる理由

　もう1つ例を挙げます。

　(2) カラオケを歌うのは楽しい。

　→ (a) Singing karaoke is fun. / (b) It's fun to sing karaoke.

　どちらも正しい文ですが、内容から考えてこれらの文の一番重要な情報は「カラオケ」です。そこで、それを文の最後に置くために (b) のような形式主語を使う言い方が生まれたのです。

| Question about English 207 |
|---|
| 主語の選び方 |

# 英作文で日本語を英語に直訳できない場合、どうすればよいですか？

1つのテクニックとして、次のことを知っておきましょう。

> 人間を主語にして英文を作ると、うまくいくことが多い。

いくつか例を挙げます。

(1) 明日は（仕事が）休みです。
　→ × (a) Tomorrow is my holiday.
　　　○ (b) I'm off tomorrow.

holiday は「祝日、休日」の意味なので、my holiday は意味的に不自然。(b) のように「私は明日オフ［非番］です」と言えばＯＫです（off = off duty）。

## 「Ａ［人］の〜は」は、Ａを主語にしてみる

(2) 田中さんの家は横浜にある。
　→ △ (a) Mr. Tanaka's house is in Yokohama.
　　　○ (b) Mr. Tanaka lives in Yokohama.

(a) は文法的には間違っていませんが、不自然な英文です。(b) のように「田中さんは横浜に住んでいる」と表現しましょう。

(3) サヤカの髪は長くてきれいな黒髪だ。
　→ △ (a) Sayaka's hair is beautiful long black hair.
　　　○ (b) Sayaka has beautiful long black hair.

これも同様。(b) のように人を主語にする方が、すっきりした形になります。

| Question about English 208 | 長い日本語を英語に直すとき、気をつける点は何ですか？ |

短い英文を並べて表現する

そもそも、(特に会話では) 長い英文を作る必要はありません。なるべく短い文を並べて表現するよう心がけましょう。

(1)「この前の日曜日にDVDで見た『リング』という映画はとても怖かった」

これが学校の英作文のテストなら、下線部を主語にした1つの英文で表現することが求められるでしょう。会話では、次のように**主語を短くして複数の文に分けて言う**ことができます。

(1) → I watched a movie on DVD last Sunday. Its title was "Ring." It was a very scary movie.（私は先週の日曜日にDVDで映画を見た。題名は「リング」だった。それはとても怖い映画だった）

ポイントは、会話を想定してシンプルな形を使うことです。日本語を忠実に英語に置き換える必要はありません。

## 主語を短くする工夫

(2) 先月駅前に開店した中華料理店は、おいしいと評判です。

→ Do you know a Chinese restrant opened in front of the station last month? I hear [They say] it's very good.

（先月駅前に中華料理店が開店したのを知ってる？ とてもおいしいそうだよ）

この例でも、日本語の下線部をそのまま英訳すると、主語が長い複雑な英文になります。主語はできるだけ短くしましょう。

| Question about English 209 |
|---|

ライティングの基礎練習

# 英語で日記をつけるにはどんな方法が有効ですか？

　英語で日記を書くには、まず**紙に書くかデータ入力するか**を考えましょう。毎晩パソコンに向かっている人なら、データ入力の方が簡単かもしれません。ワープロソフトならスペルや文法のチェックもしてくれます。

　次に、最初は欲張らずに**書く量を少なくしましょう**。所要時間は数分くらいで十分です。できるだけ毎日書き込む習慣をつけること。文体は単語を並べたメモのような形よりも、ライティングの練習のためにはできるだけ**文法的に正しい文を書く**ようにしましょう。

## 完成した文の形を作るよう心がける

(1) サヤカとお昼を食べた。彼女は今年の夏に彼氏と一緒にアメリカ旅行をするそうだ。
　→ I had lunch with Sayaka. (She said) she is [was] going to (travel to) the U.S. with his boyfriend.

このように正しい形の文を書くことによって、どんな表現や時制（過去形など）を使えばよいかに意識が向きます。それがライティングだけでなくスピーキングにも役立つはずです。

＊上の英訳でよくある間違いの例を挙げておきます。
I had ① a lunch with ② sayaka. She ③ will go to America with her ④ lover.（① lunch は（抽象名詞なので）a はつけません。②人名は大文字で始めます。③ will は「〜だろう」の意味。④ lover は「（男性の）愛人」の意味）。

**Question about English 210**

句読点などの
使い方

# 引用符つきの文を最後に置くとき、ピリオドと引用符はどちらを前にすべきですか？

次の例で説明します。

(1) The boss said, "Good job."（「よくやった」と上司は言った）

このように、**ピリオドは引用符の内側（左）に置く**のが基本です。疑問符の場合は次のようになります。

(2) The boss said, "Do you hear me?"

（「私の話をちゃんと聞いてるか」と上司は言った）

＊引用符の中が疑問文なら、疑問符は引用符の内側に置きます。

(3) Did your boss say, "Good job"?

（「よくやった」と君の上司は言ったの？）

＊全体が疑問文なら、疑問符は引用符の外側に置きます。

## 句読点などの記号の使い方

句読点などの記号の使い方には一定のルールがあります。自分で英文を書くときは、次のような点に気をつけましょう。

- **曜日や月は大文字で始める**。（例：Monday、June）
- **季節や方角は小文字で始める**。（例：summer、east）
- **文中でむやみに大文字を使わない**。（例：I bought it [ × It].)
- **本や歌などの名前は引用符で囲む**。（例：a song titled "Sora"）

なお、最近は日本語の書道と同じように、**英語の筆記体で美しい文字を書く**のも流行しています。教本がいくつか出ているので、チャレンジしてみるのもよいでしょう。

身近で気になる大人のフレーズ
「僕はビール」と英語で注文できますか?

2016年10月5日　第1刷

著　者　小池直己
　　　　佐藤誠司

発行者　小澤源太郎

責任編集　株式会社プライム涌光
　　　　　電話　編集部　03(3203)2850

発行所　株式会社青春出版社
　　　　東京都新宿区若松町12番1号〒162-0056
　　　　振替番号　00190-7-98602
　　　　電話　営業部　03(3207)1916

印刷・大日本印刷　　製本・ナショナル製本

万一、落丁、乱丁がありました節は、お取りかえします
ISBN978-4-413-11192-8 C0082
©Naomi Koike,Seishi Sato 2016 Printed in Japan

本書の内容の一部あるいは全部を無断で複写(コピー)することは
著作権法上認められている場合を除き、禁じられています。

**90万部突破! 信頼のベストセラー!!**

# できる大人の
# モノの言い方
# 大（たいぜん）全

話題の達人倶楽部［編］

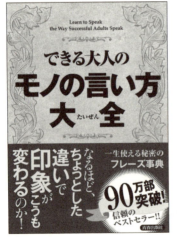

ほめる、もてなす、
断る、謝る、反論する…
覚えておけば一生使える
秘密のフレーズ事典

**なるほど、
ちょっとした違いで
印象がこうも
変わるのか!**

ISBN978-4-413-11074-7
本体1000円+税